U0111380

大展好書　好書大展
品嘗好書　冠群可期

大展好書　好書大展

品嘗好書　冠群可期

武術特輯
93

太極心語

陳太平　著

大展出版社有限公司

前　言

　　中華武術源遠流長，內容繁多，琳琅滿目，但自民國中興以來，雖習練者眾多，但整體的技術水準卻不斷地下滑，太極拳作爲傳統武術的中堅代表，也深陷泥潭，雄風難振。

　　談及太極者，常言其玄，其妙，歎爲觀止者多，每入太極一行，拳論幾十篇，拳種小的說有六大拳系，而傳人弟子體會各異，各有千秋，又眾多矣。念此種種，學者常生望洋興嘆之感，如處浩淼大海中難覓一孤舟。道家云入手處，佛家云法門，從何之處切入方得其門而入，又如何出得太極，百餘年來一直爲人所探討研究。

　　筆者不才，總結多年以來的訓練和教學體驗，希望能夠眞正找出一種訓練模式，沿著此訓練程序，可從萬花叢中穿過，直入主題，如在大河架一座浮橋，使學者儘早領悟武學的眞諦。姑且不論境界高低，而能讓學者每每感到練有所收穫，如此余心稍慰。

　　中華武術的特點在於形式極簡單，內涵極深刻，因此對其進行客觀準確的描述是非常必要的。古人云，言之無文，行而不遠，自古以來，文人不屑，武人不能，導致了大量技術記載的流失。隨著社會發展，科技文化水準提高，我們理應當在整理和研究武術的方式上更進一步。而今傳統文化受現代思想的擠壓，如果我們仍停留在原始的

傳播、繼承手段上，那麼就顯得有些落後了。當務之急，在於建立武學獨立完整的學科體系，使之成爲研究傳統文化的優良載體。

筆者整理此書的目的，也是希望系統化、體系化、層次化，客觀求實的理念能夠被廣大的同仁所認可和接受，共同把太極拳發揚光大。唐朝詩人李賀曾作有名句：「江山代有才人出，各領風騷數百年」。當今的時代科技發展水準和人的知識水準遠遠超過過去，那麼，我們如何賦予太極拳新的內容，在何領域內作出一定的突破呢？

筆者認爲，把太極拳的訓練內容體系化，層次化是非常有意義的事情，其本身過去的傳承具有這方面的內容，無非公開的較少而已，另外一方面，其關鍵所在是讓學者學得明白，有章可循。

很多朋友認爲練拳是一步到位的，但實踐操作中發現，如果不循序漸進，由淺入深的學習，往往一事無成，從人的生理特點上說，認識到理解再到記錄到身體上也是需要一個過程的。

古人也常說磨刀不誤砍柴工，簡而言之，把與太極體系相關的各種要素統統考慮在內，分階段修練方能夠達到自己理想的目標。一個嬰兒即使是天才如果把大學的課程教給他，同樣毫無建樹，因此不同階段不同修練水準的朋友應該有不同的修練內容，這是無可厚非的，但多年以來並未見其他階段的訓練內容披露于世，方方面面原因眾多，令人略感遺憾。

筆者總結自己多年的心得體會，出版此書也是爲了讓

更多的朋友瞭解傳統的訓練模式，瞭解游離於許多行家知識以外的內容。

本書從描述當前太極界的現狀開始，逐步探討建立武學體系的重要性和基本的原則，並且以勁力的訓練、求取、應用作爲主線來描述太極拳的訓練體系，每個不同的階段訓練內容，達標檢驗以及相互之間的結構貫穿，本書都清楚描述。筆者希望後學者能夠有路可循，對太極的整體結構有一個框架和認識。書中所談到的各種訓練內容，都經過筆者和弟子們的檢驗，確實可證。

筆者認爲，在當今的武術界應該做些有意義的事情，把傳統的東西取其精華，儘可能地保存完整，功貴得全嘛。武術的基本要素如同一台機器，之所以運轉失靈無外乎幾種原因：器件製作工藝不過關，缺少必要的部件，缺乏有效的操作手冊。

不同的武學系統構建的元素不同，常見諸位同仁因爲練法不同而有所爭端，不妨跳出自己的圈子看看，是否是同一事物的不同側面呢，筆者認爲心態和學習的方法是第一位的，這也是筆者在書中大聲疾呼的事情。

對比以前出版過的太極拳的書籍，筆者認爲在以下的幾個方面有所新意：

首次提出太極系統化、結構化的概念，並且描述了系統中的各種因素。

首次對傳統太極的訓練模式比較完整的描述。

首次提出對於太極體系的評判原則。

對養生的基本原理有較爲新意的描繪。

　　對傳統的訓練方式賦予現代的描述手段，讓習者有路可循，知道自己所處的位置。

　　對一些重要的概念作了比較深入的討論。

　　對訓練內容和指導方針的層次化提出自己的理念。

　　筆者認爲本書在傳統太極體系的結構化、科學化上走出了第一步，未來也會沿著這條道路走下去，能夠逐漸形成積累，並且團結廣大同道更好地繼承傳統的太極文化。未來，筆者陸續會對傳統太極的理論和訓練內容作更加細緻地描述，作爲一個先導，本書的任務在於引入一個科學的研究理念，如果能夠引起同道的共鳴，余心稍慰。

序言一

何謂好書，開券有益也！

陳太平先生《太極心語》一書文稿，讀之愛不釋手，其稱爲好書應當之無愧。爲何？今世面所見之書多以對先人理論的羅列和照搬；或乏有精解泛泛平庸之談；或東拼西接空無實質、無邏輯性、科學性。雖千人出書，皆一老生常談，大有讀新書又見古人面之感，實在乏味。而《太極心語》之作絕非空穴來風，陳太平先生自幼拜明師修練少林、武當太極、形意、八卦、大成、通臂、戳腳等傳統武術。學然後知不足，進階精研而漸入神明。

此書是陳太平先生歷經數十年反覆求索，實踐認識武學的高度總結；又是與廣大武術工作者、愛好者共同探討傳統武學的心靈交流。

本書可貴之處是界定了什麼是眞正的武術。傳統與現代的眞正武術；某拳某派誰優誰劣；中外武術誰弱誰強；武術在民間還是院校；眾說紛紜，各執己見，終無定論。陳太平先生書中指出太極拳內裏和外在修練的和諧統一。對人體內外改造起的作用；練、用、養一體及修練效果的穩定性；可延性是否具備；與其中、外拳法在體用；其他功能的整體可比性等。當修練的太極拳具有這種系統化，多種內涵的，才是眞正的太極拳體系。陳太平先生說任何拳法都有它的長處，他所言的太極拳體系指的是一個整

體，不是單一的；是用他自己對武學的認知，還傳統太極拳本應有的面貌。中華武術門派眾多，博大精深，令人摸不著頭緒，難窺其奧。他在書中寫的這種全面系統、理性科學的認識太極拳的思想方法，對武術研究者、教學者、愛好者鑒別什麼是傳統武術將不無補益。

陳太平先生對如何演練太極拳闡明了養、練、用同步一體的思想，直達武學宗旨。傳統武術有其獨特的修練內容和方式；按計劃程式教學，按步進階，達標修練；盤架、推手、技擊同步進行的訓練方法；將使你趕上和超過修練多年拳師，而成為武術高手有章可循，成為事實。境界的不斷昇華，會使你體會到傳統武術內涵的真實之處和什麼是藝無止境。陳太平先生拳理、拳法、教學、皆源于先人，但他不囿于古法，不囿于先人；而是務實求真，不斷求索。現其學生已經遍佈各省，可謂桃李滿園且成效顯著。其對武學的認知和修練科學性可見一斑。

古人云：授之魚，不如授之結網。陳太平先生傾情著此《太極心語》，意在武林同好共求中華傳統武術真諦，共同推動中華武術發展。

讀此《太極心語》無悔也！

　　　　　　　　　呂太敏　於山東濟南

呂太敏：為形意拳大師尚雲祥關門弟子李文彬和尚雲祥之女尚芝容的入室弟子；尚氏形意拳第二代傳人；尚氏形意拳研究會副會長；中華武術六段；國家一級裁判。

序言二

余自幼喜愛傳統文化，對武術更是情有獨鍾，為了深入探求武學奧秘，可以稱得上殫精竭慮，衣帶漸寬。然而自我探索之餘，終覺手不應心，語不合道，難得其門而入。於是自弱冠之年起我就開始了漫長的求學之路。三十幾年間，曾得到何德泉老人的教導；也曾跟隨費志光老師學習拳擊；隨傅偉中老師學習峨嵋十二樁等；還曾花費幾年的時間直接或間接地考察了全國許多武術館校。多年的遊歷求學讓我結識了很多的武林前輩，體會了很多朋友或長者的功夫，所接觸到的訓練內容也琳琅滿目，但總感到有些不盡人意。自 21 世紀以來，在同現代搏擊進行的對抗式交流中，傳統武術的戰績往往不是那麼理想。對此現象大家眾說紛紜：有人主張大膽捨棄武術的若干訓練環節，切除不合理的部分，也有人主張完全的否定……等等不一而足。然而要革除流弊，再造傳統武術的輝煌，必須以科學理性的態度慎重對待。對傳統武術體系中龐大繁複，魚龍混雜的各組成部分，不可輕易否定和拋棄。這就如同對一個有著多種症狀的病人，不可一次切除掉多個器官，而是應該採用整體觀的思路，找到癥結所在，對症下藥，則看似眾多的症狀或許可以一併迎刃而解。

然則武術界許多有志之士，致力於傳統武術的繼承和發展，卻不能站在系統化、體系化的高度，以整體的眼光

看待現代技擊，不能吸收現代文明中科學合理的部分爲我所用，結果是歷經多年努力探索，雖然掌握了大量的資料，但卻層次結構混亂；面對歷代留下來的眾多拳經理論，卻不知道針對何種層次，應到什麼階段去體認；掌握了眾多拳術、套路和功法，卻對其在整體技術體系中處於什麼樣的地位茫然無知。年復一年，最終結果依然是重複前人走過的彎路，而自己依然是一片茫然，無路可循。

不惑之年，得以結識陳太平恩師，讓我頓有相見恨晚之感。陳師認爲不同層次的訓練內容和判斷標準都是不同的，每個層次都有相同之處，但是，也有明顯的劃分。小學、中學、大學，不管是教材還是訓練的內容考核的方式都有所不同，武術的修練也是如此。而一個武學體系的判斷標準參考以下幾點：歷史傳承基因良好；經過百餘年考驗的拳種往往具有強大的生命力，當代戰績良好。可重複再現性強；傳承穩定，不會朝令夕改，長期以來經過廣泛驗證的東西必然是科學穩定的，不會大規模的修修補補。可持續發展；能夠保證不同年齡段的人都能有所收穫。陳師的教導使我茅塞頓開，明確了方向。

上士聞道，勤而行之；中士聞道，若存若無；下士聞道，則大笑之，不笑之不足以爲道。前賢有云，路漫漫其修遠兮，吾將上下而求索。筆者願意以身證道，沿著前輩的道路走下去。

邯鄲武協副主席
太極推手技擊研究會會長　宋和平

序言三

　　目前太極拳界多種理論和技術體系並存，各種爭論此起彼伏，互不相讓，這給太極拳愛好者的學習造成了很大障礙。實際在別的領域內也存在類似的爭論，也許我們從中能夠得到一些有益的啓示。

　　在科學史上，關於光的本質的爭論特別耐人尋味。1660 年牛頓提出光的本質是高速直線運動的微粒，1670 年惠更斯（Christian Huygens）則提出波動說，認爲光的本質是波。這兩種截然相反的觀點，都有其各自的理論支援，並能夠解釋光學中的一些現象。

　　起初牛頓的微粒說占上風，到 19 世紀，由於楊式雙縫干涉實驗，以及電磁波理論的提出，證明光具有非常明顯的波動性，因此，波動說又占了絕對統治地位。

　　直到 20 世紀，愛因斯坦的光電效應實驗重新驗證了光的粒子性。由此在量子物理領域科學家們提出了光的波粒二象性理論，認爲光和其他量子級別的物質微粒，同時具有粒子性和波動性，這個例子說明客觀世界的複雜性。很多看似互相矛盾的理論，實際上都只是對同一事物，分別從不同角度進行的不完全描述。

　　正是由於主觀認識的局限性，對客觀事物的不完全把握，往往使得人們互相之間產生誤解，這在很多情況下是導致爭論產生的一個重要原因。古老的關於「盲人摸象」

的寓言，就闡釋了這個道理。

目前太極拳界爭論很多，各種觀點似乎在某種程度上都可以自圓其說，在實踐上也都取得了一定的成績，這種令太極拳愛好者們感到困惑的現象，或可從上述例子中獲得解釋吧。

太極拳學習過程中的另一個問題是重複建設太多，缺乏高水準的深度擴展。目前來說，各種基本程度上的教育和教學已經非常之多，但比之更進一步的中級階段和高級階段的教學卻非常之少。

很多太極拳練習者年復一年地重複在基本內容的學習上，換一個老師就是重新學一個套路，換一個地方就再重學一趟拳。有的人甚至學了 20 多種套路，遇到新的太極拳老師，仍然要把套路重新教起。

還有的人每年都跟著自己的老師將原有的套路重學一遍，美其名曰改拳。雖然老師在教每一遍時都會加入些新的內容，但也主要是調整架子，規範動作而已，並沒有足以稱為高階段教育的內容。

以在學校裏學習數學來說，小學生以學習四則運算為主，到了中學就學習初等代數和各種幾何，到了大學則學習微積分、線性代數和離散數學。到研究生階段則通常學習數學分析、群論、泛函、隨機過程、信息論等非常專業精深的內容。總之一環扣一環，每一步都是一個極大的飛躍，絕不是重複的簡單建設。

考察太極拳的學習，大多數練習者只相當於如小學生一般年復一年地重複學習四則運算，充其量也就是把運算

題做得更加混和，更加複雜一些罷了，並沒有上升到更高的層次。這種現象值得我們深思，如何避免過度的重複建設，加強縱深建設，促進層次水準的提高，是太極拳界必須解決的問題。

很多人將廣大太極拳愛好者水準不高的原因，歸咎爲太極拳愛好者們自身，認爲現在的人沒有過去的前輩那麼刻苦，以及悟性不夠等等。然而這只是原因之一，而且並非導致問題的主要原因。很多學拳的人下定決心練習，刻苦程度和毅力非常令人敬佩，甚至不亞于前輩，但每每這樣練到一定階段便會遇到技術上的瓶頸過不去，從此之後進入平臺期，時間久了便往往灰心喪氣，失去了堅持到底的決心，從此水準就長期停滯不前。

這種現象出現一個兩個，還可以說該人悟性不高，不適合練太極，但以太極拳上千萬的練習者，這麼大的基數下，這樣的人並不是少數，其成材率與其付出的比率低得不像話，這就說明整個太極拳界的教育方法是有問題的，需要進行改革。

拿造汽車爲例，造一輛汽車，至少需要發動機、外殼、通訊系統、控制系統、輪胎等多個部件系統進行配合。學習太極拳，造高水準的太極拳人才，也是如此，需要諸多環節的相互配合。現在的情況相當於用十年八年的時間去造一個輪胎，把輪胎造得盡善盡美，卻不知道如何造發動機，所以你造的車還是開不起來啊。

學了多年太極拳的人，往往輕易地被學了一兩年拳擊或者散打的人擊敗，概由於學的東西殘缺不全，缺乏很多

必要環節的原因。造成這種現象的根源在於過去太極拳界傳承中的保守，很多東西師爺會，到師父那裏就學的不全了，試問這種情況下怎能教出可以跟師爺輩們相比的徒弟！這也是很多人聲稱自己師爺如何如何厲害，到自己這一代就什麼都不是了的原因之一。

在繼承發揚太極拳學，提高我們的技術水準方面有許多工作要做。首先要規範化教學和訓練方式。改革要從教學語言開始。很多時候老師給出的並非可行性方案，而是一些要領或者要求。大多數太極拳的理論著作裏，也都以描述要領、要求爲主，可操作的訓練方案也非常之少。這就是很多人看了非常多的太極拳學理論，能夠講得天花亂墜，卻不知道如何將這些東西用於提高自己的太極拳水準上的原因。

自學拳之初，老師們就告訴我們很多要領，如要虛領頂勁，沉肩墜肘，圓襠開胯，含胸拔背等。這些要求在各個門派都是相同的，也見於各種太極拳拳譜。但具體這些要求怎樣去做，怎樣去達到，怎樣才算達到，並沒有一個統一的操作方案，每個老師都有自己的解釋，因此就能引起很多爭論。比如應該是斂臀還是鬆臀，就一直在爭論。在這裏我要大聲呼喚方案，呼喚可行性方案！

排球比賽中當一方處於不利形勢時，教練往往會叫暫停。這時低水準的教練或者會鼓勵運動員，或者大聲疾呼，頂住，壓住，往界內扣，等等。並非在這種情況下不需要激勵或者鼓勵，但高水準的教練除此之外，還要拿出具體的戰術，比方換人，打新的配合，新的進攻路線等

等。往往拿出新的方案以後，形勢就會逆轉。

同樣，太極拳訓練當中，在提出要求的同時，給出可以達到那些要求的有步驟的訓練方案，和檢驗是否達到要求的方法，會大大提高訓練的效率。

我們相信經過科學化，規範化改造以後，太極拳的訓練也將變得高效率，其情形就如同生產流水線一樣，把原材料放進去，揿動按鈕，就會在流水線上一步一步變成成品。這種訓練方式能夠大規模高速度地培養太極拳和武術人才。現在缺乏的就只是將這套訓練方式體系化，方案化。因我們先人本就有一套高效率的訓練方式，我們只是將其重新發掘整理出來而已。

在接觸到陳太平老師的書稿後，我驚喜地發現，陳老師已經開始著手於這方面的工作，而且已經取得了相當豐富的成果。我暗自慶幸自己能夠幸運地先睹為快，並鄭重向廣大太極拳愛好者們推薦本書，希望熱愛太極拳，並有興趣為太極拳的科學化、體系化、高效率化做出努力的同仁們，跟我一起參與到實踐中來。

清華大學博士研究生
中國武術協會會員　　張　　進
曾任清華大學太極拳協會會長

目 錄

第1章
太極拳愛好者治學態度分析

　　自晚清以來，原本由少數人修練的太極拳逐漸在廣大的人民群眾中普及，近年來更是進入了迅速發展時期，作為一項武術運動，其被社會所接納的程度和參與訓練的人數在國內均首屈一指，並且逐漸地走出國門，成為一種國際化的運動。但另一方面，由於缺乏實踐交流的平臺和環境，學習太極拳的人數雖然越來越多了，但是整體的實戰技術水準卻在逐漸的下滑，為此有識之士認為，儘快地恢復和保持太極拳的風貌，恢復原有的基於實戰的指導思想和訓練方法，以使現代太極拳在技擊方面恢復到一個較高的水準，從而與其在普及度和知名度方面的實際地位相符合。

　　目前太極拳種類繁多，陳楊孫武吳各擅其長，趙堡，李派武當太極等也別有風味，由於太極群體的身份不同，需求各異，因此也就產生了各種各樣的怪現象。缺乏秩序和體系評判的太極拳界也變得非常熱鬧，各種新的東西層出不窮，令人不知所從，但相對而言，多年

來技術水準卻沒有顯著的提高，凡此種種值得我們反思。

以下我們將從太極拳愛好者的治學態度出發，列舉一些具有典型性的現象，從中總結出當前太極拳界普遍存在的一些問題，以及我們所應當採取的措施。

第一節　習練太極拳的固步自封心態

作為太極拳的修練者，其學拳的心態至關重要（其他的拳法也應如此）。沒有好的心態則很難擺正自己的位置；而不能擺正自己的位置，就很難保證學習的效果。相傳慧可斷臂而求學，拋棄自己的先入之見，乃成為禪宗二祖。孔子亦有云，曰「知之為知之，不知為不知，是知也」。在學習過程中，應當始終維持一種低姿態，虛心求教，不恥下問，這樣才有利於發揮自己的認識和判斷能力，來吸收對自己有益的東西。因此，作為學習者首先要尊師重道。

初學者來講很難有對所習武學和老師所必需的分辨力，選擇一個人品武功好的老師是至關重要的，古人常說師擇徒三年，徒擇師三年，可見求學之艱辛，老師的重要。這方面正確的態度是尊敬老師但不要迷信，同時培養自己客觀辨證的看待問題，維持虛心保持冷靜的能力。否則，小有所成往往就會變得固步自封，淺嘗輒止。孔子登東山而小魯，登泰山而小天下，過去的前輩也常常四處尋師訪友，增加自己的見識和閱歷，不斷提

高自己的修為。這種求學的態度和胸襟值得我們後人學習。

目前有些初學者甚至有些基礎的人，往往喜歡盲目的崇拜或根據片面的現象妄下結論，這種治學方式，無形當中給自己功夫的進展和水準的昇華埋下了隱患。

曾有一位名師的弟子這樣說過「我老師是家傳的太極拳，是太極正宗！他的拳法是正支正傳，保持了正統的太極拳貌，現在大部分的拳法已失原貌。」我當時感覺非常驚訝，問他：「前人的原貌，創始之初的拳法，你見過嗎？那時還沒你呢，是什麼樣的你怎麼會知道呢，沒見過又怎麼能說別人都失去原貌了呢？你師父的拳不也是跟他父親學的，他父親去世的時候他還小，還不懂太極拳，他的拳法也是後來跟其他人學的。他的師父教了很多的徒弟，難道能說誰是正宗誰不是正宗嗎？」當然師兄弟之間由於每個人的悟性和刻苦程度不同，水準也有區別，但決不能說誰是正宗誰不是正宗，這樣會在弟子中間造成一種錯覺。

技術水準有高下之分，但繼承的學術內容往往跟技術水準是不對等的，可能有的前輩功夫未必出眾，但他繼承下來的訓練體系和豐富的閱歷是一個巨大的財富，因此，客觀地看待學術內容是非常關鍵的。

個別拳師炒作正宗概念，純屬標新立異，目的為了樹立自己的形象。甚至有些弟子為抬高師傅標榜自己的正宗而貶低他人，這樣的心態都是十分不可取的，第一不利於團結，缺乏武德；第二不利於自己太極拳技藝的

提高，最終還是損人害己。

不可否認，家傳武學對後人的修習而言是有得天獨厚的條件，這種條件是一般人不具備的。但是，招牌是前人打出來的，是在實踐中得來的；後人如果不珍惜它，不踏踏實實地通過武學修練去繼承祖上的真功實學，而只把時間浪費在炫耀先輩的輝煌上，忽略自身的修練，則失去了正宗正派的本意。

前人的功夫，是他們靠自己的毅力和苦練得來的；並不是我們後人學習練了前人傳下來的拳法，我們就想當然地也繼承了前人的功夫。我們自身的功夫，則取決於我們自身的武學修為高低。踏踏實實地繼承前人學術並在實踐中磨礪技術水準，方無愧於先人。正如王選傑先生生前所言：「師爺棒，師傅棒，不如自己棒。」有些名人之後，一生都沒有經過真正實戰的洗禮，他的技擊功夫又從何而來？雖然這不妨礙他們仍能吸引眾多「追星族」，可是這樣的「正宗」傳授又能傳些什麼呢？無非是傳授太極拳的套路，推手，健健身，講講手；或者給對方設一個套，讓對方往裏面鑽，欺騙一些初學者，對外行來講還稱之為「神」。（實際上太極拳並不神，而是實實在在的功夫，並非造神的大師和嘴把式們搞出來的一些神功。）但是他們還不敢與人真正的交手，碰到愣頭青他會去報警，他那神奇的功夫突然都不見了。這些人平時喜歡談一些虛無的想像性的東西，所謂的實戰也就是推推手或者講講手。

以他們這種教學模式，不經過技擊實戰的鍛鍊，是

難以發揮太極拳的技擊特點的。他們在技術上不能代表太極拳，但在輿論上卻影響著廣大的太極拳學習者。在此希望太極拳愛好者們能明辨真偽。

與此形成鮮明對照的是，一些名人之後並不到處標榜吹噓自己的正宗，而是本著太極拳探求者的理念，在傳統武學基礎上埋頭苦練，為了捍衛祖上的榮譽和太極拳的發展，踏著前人的足跡，勇於試手實戰並不斷在實踐中總結經驗教訓。

雖由於時代社會等種種因素，他們與祖上的功夫相比還有所差距，但這種精神值得尊敬，也值得後人效仿。古人常說，三軍可奪帥，匹夫不可奪志，堅忍不拔，迎難而上的求索精神才是我們民族的寶貴財產。

目前還有一種現象就是很多人喜歡搞一言堂，對不同於自己的觀點和言論，統統視為錯誤或者異端，排斥不同的見解，筆者認為這也是治學非常不嚴謹的一種表現。要是從習練者角度來講同一門派的拳法在練法和理解上有不同的看法是很正常的，因為每個人的層次不同認識也會不同，看待問題的高度自然就會有所區別。我們應該關注的是具體的內涵，而不是外在的形式；應該認真反思他們的區別之處在哪裡，決不能認為跟自己練的不一樣，他們就是錯的。

自己的師傅好，並不等於自己就能夠掌握師傅的真諦。有些名師的弟子練了半輩子拳也不明白太極拳是怎麼回事，這樣的大有人在。所謂名師出高徒，但即使有名師傳授，他的弟子也未必都是高徒。狀元只有一個，

所以，過去常說只有狀元徒弟，沒有狀元師父。

從修練者的心態來講，應當學會觀察別人和自己不一樣的地方，別人為什麼要這樣做，這樣做的目的是什麼，利與弊在哪裡。如果發現對方在某一方面的確是符合拳法的要求，而恰好又是我在這方面所欠缺的，則進一步去考慮是否能為我所用。這樣的心態有利於吸取他人的長處彌補自己的不足，從中受益。筆者認為這種心態才能更好地取長補短，有利拳學的提高。

第二節　寶劍鋒從磨礪出，梅花香自苦寒來

太極拳的修練者應該善於交流，在實踐中磨礪自己的技術水準。我有一個弟子在一年以前和一位名師的弟子推手交流，對方在當地十分有名，是某太極拳研究會的會長。兩人在交流當中我的弟子比較老實，按太極拳的規矩黏連相隨，並且幾次點到為止。但推手中該發放時沒發，往往給對方可乘之機，借你的回收之力發動反擊。我的弟子這方面經驗不足，可是這位名師的弟子也真會得機得勢，趁著對方回收之機突下冷手，照頭部打了一掌，在他打到我弟子的同時，他的頭部也挨到了幾掌，雖然弟子沒有吃虧但心裏忿忿不平，說對方不講規矩。事後我跟弟子講：「什麼是規矩，平時推手較技進行交流根本就沒有統一的規矩，都是憑著自己的武德自我約束吧。什麼人都會有，就是正式的比賽泰森還咬了

霍利菲爾德的耳朵呢，何況是私下的交流。」害人之心不可有，防人之心不可無啊。

我對徒弟講，你剛練了兩三年，所見所聞的太少了，不要埋怨對方。如果你能夠黏的上，對方的冷手是打不出來的，只能怪你自己平時沒有練好，多從自己身上找原因。推手和技擊是不一樣的，聽力非常好的人，對方的冷手是很難出來的。由這次教訓，今後也該在黏連相隨上多下功夫，自己為什麼沾不住？多在這方面尋找自己的不足，這是一次好的學習和反省的機會，交流勝負並不重要；從中能夠學到什麼認識到什麼，這才是最重要的。

這個弟子後來在太極的黏連功上頗下了一番工夫，推手的功夫又明顯的長進了。通過實踐交流可促使自己進步也是件好事，關鍵看人如何看待和認識。

另外，傳統推手與現在健身推手有一定的區別，前者決不是為了推手而推手。在傳統的訓練程式上推手就是往技擊過渡的一個橋樑。傳統的推手包括踢、拿、摔、打，分筋、挫骨、點穴等所有技法，如果在推手中不這樣訓練，如何過渡到實際運用的技擊當中呢？

推手原本叫打手，我師傅曾言老一輩人在學推手時，他們當時的推法沒有現在這麼溫柔，都是在摔打當中練出來的。筆者也體會和系統訓練過傳統的推手的方法，訓練之初苦不堪言。只有被摔打才能體會被摔打的滋味，站在岸邊是永遠不能學會游泳的。也正如我們說的吃過鹹鹽才知道鹽有多鹹，不吃永遠也不知道，只有

有了體會才能夠深入地去研究和訓練。

傳統太極拳推手只不過是過去打手的一部分，現在我見有個別人習練推手，只是將其當作一種聽勁的訓練，兩眼一閉專心聽勁悠哉悠哉。眼為心中之苗，俗話說：眼為先鋒，心為帥。也許這樣練是有一定的道理，但筆者作為局外人實在不能理解。

作為一個傳統太極拳的愛好者我也真心地希望太極拳的初學者能夠在實踐當中去驗證自己，去體會太極拳得機得勢應感而發，能把傳統的太極拳延續下去。正如《孫子兵法》所云：「故兵無常勢，水無常形，能因敵變化而取勝者，謂之神。」文以載道，武以演道。太極拳正是以武學而演天道、融陰陽而全性命的華夏瑰寶。它不但理論高妙，其技擊效果也是無可質疑的！

各派太極原本一家，無非每個門派訓練的途徑、拳理、拳法各有特色，其根源都離不開太極陰陽轉換的原理。維護太極拳在技擊方面的榮譽，卻不是單憑幾個人的努力就可以做到的。在此筆者呼籲太極拳界的同仁，共同努力，全面展示太極拳技擊的功效，讓我中華傳統武學的實戰威力重顯於世間。

第三節　走出「以己量人」的誤區

由於各派的太極拳體系構成不同，作為太極拳的修練者不應該用自己的尺子去衡量別人，來斷言有用或者無用，正確或者錯誤。多年前，我剛習練太極拳不久，

去拜訪一位名師向其請教太極推手奧秘。當時雖然我練太極拳不久，但在此前練過其他門派的武學，在攻防轉換方面略有一些基礎。當時這位名家對我的推手是這樣評價的：太極拳講究用意不用力，四兩撥千斤，你推手用力了，不符合太極拳的要求。

筆者當時年輕氣盛沒聽這位名家的勸告，反這樣說：太極拳不是講究借力打力引進落空嗎？你說我有力，不正好符合太極拳的要求嗎？你借不了我的力，證明你練的還是有問題。何況勁與力是有區別的，有勁並不等於就是僵拙之力，太極拳本身就有一種鬆沉勁，難道鬆沉勁也錯了嗎？我還笑著對他說：鬆柔可以懂勁。同樣，沉勁也可以懂勁（當時沉勁做的還不夠，帶有一些僵勁），因為你變我也變，我並不是一塊木頭，你知道我的，我也同樣知道你的。我們訓練的途徑不同，各有各的特點，你不能讓所有的人按你的特點和你推手，同時我也不能讓其他人按我的推手特點與我推手，畢竟太極拳的推手與技擊是面對各門各派的，只有我們去適應別人的各種技法，不可能別的門派都按我們的意思來適應我們。太極拳前輩推手的風格各異，根本沒有統一的標準，有棉中裹鐵，極沉重，鬆沉而不僵；也有非常輕柔，好似一張紙輕貼在對方手上，欲進不能，欲退不可；也有兩者兼備；難道我們能說誰對誰錯？

當時給這位名師說的很下不來台。隨著年齡的增長，筆者逐漸對看待事情的心態也有所不同了。近些年為此事也深深的懊悔，先不論我說的是否有道理，沒必

要給人家說的下不來台，尊敬別人也是尊敬自己啊。往往有些事情當事者迷旁觀者清。如果當時自己的心態好的話，對方發現了我的不足之處，我能虛心地求教，很可能在某一點上有所收益。不能以口舌之爭失去了學習請教的機會。別人多在自己的拳學上挑毛病實際是件好事情。對的，虛心的接受；不對的哈哈一笑就過去了。因為，拳學中每個人所處的層次不一樣。人們對同一個人和同一個事物的看法和認識也是不一樣的。所以對拳法的理解，一人一種認識，沒必要去口舌之爭。對待新的事物，人們也許要有一個認識的過程。虛心聽取不同的意見，由不同的聲音來尋找自己所需要的東西，有利於拳學的提高。

第四節　小議太極的繼承與創新

太極拳流傳至今，深受武術界的喜愛，沿習甚廣，不乏出了一些出類拔萃的前賢。演變的太極拳流派甚多，有人認為新生的流派是吸取了各家所長創立而成的，但新派太極拳真的做到了吸取了眾家之長嗎？筆者認為尚待商榷。

許多太極拳朋友常說他們老師讓他們如何改拳，並使拳藝大增。拳為什麼要改呢？我和朋友探討了結論有三：

1. 拳法本身不對。
2. 已經達到了太極大師的水準，可以自立門戶了。

3. 自己想當然，按自己的想法隨意改動。

每一個人自身的實踐和體悟都決定了他的拳學的認識的層次。要是想創新，首先需要的是繼承。要看繼承者的水準達到了什麼樣的高度，是否能夠站在前人的肩膀上，更上一層樓，還有待於時間的考證。如果在沒有體會到太極真正的內涵的情況下，僅憑主觀因素改拳，既害人又害己。筆者據老師講述的經驗和自身的體會，認為就沒有改拳之說。拳法每個階段都有不同的要求，真正的名師會在不同的階段相應的對學生的盤架、周身氣血運行、拳法的軌跡作用、意念配合等做出適當的調整。粗看起來似乎學生所訓練的內容有所不同，但內涵和核心要素都是統一的。

當今社會有一種怪現象，某個人在和大師學拳時，大師自始至終用初級的理念來教導學生學習，學生也按同樣的方法傳給後輩。對於沒有聽過的理論和練法，他們都一概地認為是異端和假貨，看見駱駝就說馬腫背，並且據此完全否認別人對太極拳的認識。他們心中的評判原則及標準是師承和所謂的正宗，長期以來由於武術傳播的不透明，具體從老師那裏繼承了多少東西始終是一個問號，因此，僅僅根據所謂的名分而不是實踐體現出來的技術水準來衡量，筆者認為是非常不可取的。

對於武術來講，當今社會已經步入資訊時代，原傳武學技擊在戰場上的廝殺作用已經逐漸淡化了，而在其基礎上演變形成了各種競技武術，擂臺賽，套路表演，以及民間私下沿傳等表現方式，旨在傳播與交流。這種

交流，要比前人上陣廝殺顯得溫柔多了。前人修練武學，普遍來講，追求的是技擊的實效，它對真實效用的要求比我們後人要迫切得多，因為他們隨時都有在戰場上失去生命的可能。

我曾問過我一位恩師（現已故世），我說：「師爺那輩或以上的前輩們，功夫為什麼那麼好？」恩師講：「有些前輩練拳如練命，是在刀尖上生活的（修練者除外），而今人練拳的時代背景與前輩們是完全不同的。所以，不同的時代造就不同的人……」而筆者在近幾年發現：後人的理論確實是「高」——文筆的功夫，要比前人練成的功夫高的多。我想單純比較文筆理論功夫，也許確是今人高於前人；而那些僅僅存在於自己想像中的功夫，或許也是自己的更高。

任何事情都是相對的，在此需要指出的是：並不是傳統太極，越老就越好；後來產生的各派太極也各具特色，各有所長。因為新派是在傳統的基礎上產生的，吸取了別派的精華，具體能有多少改觀可能因人而異，但畢竟也是前輩的一番心血，認真思考實踐的產物。

綜上所述，評價太極拳的層次應該從它的技擊水準和養生價值來綜合評判，而不應該從其前後產生的順序來定。各派太極都有其自身體系和特點，不能用自己的標準，來衡量別派太極拳的實質，從而顯示自己的太極拳水準有多高，這樣是有失公允的。

筆者認為，無論是陳、楊、吳、孫、武五大流派，他們創始雖有先後，但是最終的目的應該是相同的，無

非所走的路（訓練的方式方法）各有特色，風格也有所不同，但是並沒有優劣之分，我等後學應該學習什麼呢？應該學習前人的訓練程式，每一個程式驗證的標準，以前人的寶貴經驗來彌補自身的不足，世上並沒有一開始就十全十美的拳法，都是需要後人逐一進行補充的。理解整體的修練程式和檢驗手段是至關重要的，但是需要指出的是，不懂莫強猜！人沒有達到一定的程度，是很難辨別拳法的優劣的。盲目的創新，只會誤人害己。我有一個朋友，他也是一位太極拳的愛好者。我記得七八年前，他突然來找我，說他悟出了太極拳八面螺旋。他是非常興奮的，可是我對他說八面螺旋都有了，無非你以前沒有接觸而已。個人能從自身的修練中領會出來確實值得欣喜，但如果借鑒前人的修練，那麼可以少走彎路，減少摸索花費的時間，事半功倍。後來我們雙方在演示中發現，朋友所悟的八面螺旋，和師傅的在出勁入勁方面有所出入；在折疊轉換，螺旋纏繞中有所出入；在丹田內轉，氣血運行方面，在精神意識調節方面有所出入。好友看了後說我花了這麼大的勁，用了這麼長時間，搞出來的東西原來前人都有，而且自己琢磨得還非常不具體，某一方面還是錯的，因此甚為沮喪。我勸他能有自己的認識本身就不錯，以後多借鑒前人的修練內容可能進步更快。古人云，學然後知不足，教然後知困，多拜訪前輩，老師、及朋友，先求繼承，再求發展，站在巨人的肩膀上，自然能夠高瞻遠矚，筆者也希望武術界的學術研究能夠減少一些重複建設，把

學術內容規範化，以利於後學研究。

目前社會上有個別人以為自己好像發現了什麼，以為用現在的詞句、語言進行描述，就有了一種資本來貶低過去傳統的東西；也有的人跟某個老師學完之後，說這個老師不行，我如何如何。如果這個老師一無是處，當初又何必跟他學呢？這種心態既沒有武德，也不利於求學提高，筆者認為是非常不可取的，對於這種心態的人我敬而遠之。

第五節　當今太極拳界的任務
和處理方式

既然談到太極拳的繼承，首先就離不開前人的傳授和寶貴的經驗。繼承什麼呢？如何繼承？是前輩的套路還是一些形式上的東西？實際各派都有自己的長處，每個老師都有自己的特點，在人沒有識別能力和鑒賞力的前提下，往往不知所措，或者每天都有新的發現，有必要深入研究、探討太極拳根本性的東西。

筆者認為首先應該明白如何研究，該做什麼工作，最基本的廣泛的收集整理所需要的太極資料。

形意拳大師郭雲深老前輩以半步崩拳打天下，崩拳的練法都大同小異，雖各派都有自己的說法，但是萬變不離其宗，就是和十個人學崩拳，無非是形式上略有差別而已，我們需要繼承什麼呢？郭老前輩崩拳的效果是由什麼方式訓練出來的；訓練的方法和途徑，如崩拳的

內涵，內在的練法，為什麼與人接觸時，對方會傾斜倒下或者騰空跌出，崩拳幾道勁的訓練方法，崩拳在技擊中所需要的各種素養從何而來等等。當然，郭老前輩的功夫並不是單一的崩拳，也含著形意拳各種素養。

　　筆者的意思是追求形體不如追求內涵，形體有多種練法，如果都是形意拳門裏人的話，追求的內涵都是相同的，太極拳也是如此，在陳家溝有句話：「中不中，看金剛搗碓。」我們訓練金剛搗碓是訓練什麼？只是它的形體動作、一些打法、拿法？顯然，僅憑此訓練是不可能重現太極拳前輩技擊風采的。

　　形體訓練只是前輩人為編排的訓練方法和途徑，是由形體訓練配合其他要素方能達到前賢們的要求，前賢們的要求是什麼呢？現在所流傳下來的拳譜只能作為文字資料參考，太極拳尚有一些用語言文字所很難表達出來的內容，這正是我們這一代人需要繼承和發揚的。

　　方法可以傳授，境界只能靠個人的領悟和資質，只有與前輩同道，去體會勝負一瞬間發生了什麼，是怎麼樣發生的，原理是什麼，是透過什麼方法訓練的。俗話說：「師傅領進門，修行在個人。」個人的修行離不開老師的傳、幫、帶，未來修為的境界高下看學者自身的努力，但我們這代人要做的是把過去的練法整理出來，形成體系，留給後人。

　　以下幾點筆者認為是當前需要廣大同仁考慮的任務：

一、錄影資料和圖片資料

現在我們可以透過一些前輩的錄影資料來進行研究和學習。我原來有一弟子，喜歡收集前輩的書籍和音像資料，他經常喜歡對著前輩的資料學習拳架，對比前輩這個拳式是這樣練的，那個拳式是那樣練的。後來他問我對不對，我說：「如果你這樣學習的話，永遠也學不好。古人說，學我者生，像我者死。比如楊澄甫前輩弟子眾多，單就他著名的弟子而言，他們的形體拳架也略有不同，他們或多或少都有自己的風格和特點，今天跟他學這種套路，明天又跟他學那種套路，各說各的理，光跟他這批弟子學套路就會學的暈頭轉向，不知所措。他們都有不一樣的地方，誰對誰錯呢？

作為初學者來講，根本沒有能力去判斷拳的間架結構是否符合人體生理要求，是否符合技擊的攻防轉換，是否符合運動力學，正確掌握這些方面的內涵，可以調動人體潛能，更好地發揮人的潛能，拳架也決不是為了一招一式怎麼用，對方怎麼打我，我怎麼化解，這些只是太極拳初學者的訓練模式，如果追求這些就是本末倒置。筆者在處理前輩資料時是採用這種方式：前輩的神情、周身的氣血鼓蕩、身體伸縮轉換是完全可以由錄影和照片進行深入研究的，前輩勁力的走向，勁的起落開合，虛實轉換等方面都是值得深入研究的課題。由於錄影和圖片資料的價值所在，對於老前輩的資料收集是一項重要工作，初學時看不明白，但可以隨著功夫的深入

逐步的體會，但如果沒有了這些，繼承也就無從談起。在此，筆者也呼籲廣大同仁盡可能的把前輩的錄影圖片等資料保存完整。

二、經典拳論和文字資料的整理

太極拳前輩們留下了很多寶貴的拳譜及資料，這些東西對我們後人在學習和研究太極拳方面起了非常重要的作用。但是，任何事情都是有弊有利，前輩們的寶貴資料非常值得參考，但筆者認為經驗固然是好，但也分怎麼理解，怎麼用。如果處理不好，將會適得其反。因為前輩們有些拳譜、心得是他們的經驗之談，不是適合於所有層次的人，有些要求是對於太極拳初學者習練的，有些是適合太極拳達到一定層次所需要的境界之談，另有一部分是太極拳高級境界的描述，對太極拳沒有一定層次的人是很難劃分的。如果上小學用大學的教程，大學用中學的教程，會是什麼結果呢？也就是說製造飛機用自行車的方法，怎麼能夠造出飛機呢？所以說每一個層次需要一個層次的理論，決不可混淆。過去有些好的拳師對弟子練不到一定的程度，決不教深一層次的東西，一環套一環，這樣可以避免夾生飯。

我見過一些太極拳愛好者背太極拳譜滾瓜爛熟，說起來也是一件好事，但是對拳譜的理解及每個層次需要哪方面的資料和驗證的標準，有些就很難分辨了。由於太極拳的大量資料，作為後人由於層次不同，認識不同，很難達到絕對的共識，雖然理解不同，但是每一個

層次對需要練什麼，應該有一個直觀得瞭解，這樣才能將前輩的寶貴資料更好的繼承，把前輩的經驗溶入自己的訓練中去。但對於完全解釋太極拳譜，需要同道們共同努力，為後人做一點事情。

總而言之，筆者認為完全解釋太極拳譜不必操之過急，對於過去資料的系統整理是一個巨大的工作，有賴於廣大的太極同仁共同努力，但對於各種文本資料的收集整理卻勢在必行，哪怕我們這一代人不能盡得奇妙，也可以留給後人參考驗證。

三、太極拳學系統的確立

太極拳學體系的確立將對太極拳的繼承和發展有著重要的意義，如今有些太極拳初學者認為太極拳單靠盤架、推手功夫就能訓練出來，實際並非那樣簡單，比如：太極拳的站樁和太極拳的盤架的內在關係是什麼？怎樣更有效地把他們融為一體，太極拳的盤架與推手的內在關係是什麼？如何從推手驗證拳架，從而解決盤架中所遇到的問題。

推手與沾手、沾手與接手、他們每一個環節能夠做到環環相扣，方能正確地掌握太極拳訓練體系。因為它的體系是非常細的，盤架有盤架的基本功，推手有推手的基本功，沾手、接手都有自己的輔助訓練。所以說太極拳的體系化，結構化，程式化是非常重要的，隨意性太強將會產生脫節現象，前後訓練內容不能夠有效地連接到一起，使後學不能系統的掌握。

第2章

太極拳系統修練
程序和內容

第一節　簡述太極拳訓練體系
　　　的重要性

太極拳的訓練體系是作為太極拳修練指路的明燈，使修練者明確從初學開始如何循序漸進的訓練，如何步入正軌，乃至登堂入室。

太極拳的訓練體系每一個層次都有明顯的劃分，以及驗證的標準和訓練的內容，作為學者可以明明白白的練拳，踏踏實實地去體會拳學的內涵。如果作為初學者來講明確每一個步應該怎麼練，達到什麼功效，以及訓練的指導思想明確，訓練方式跟手段清楚，那麼訓練起來自然可以事半功倍；如果採用被動的毫無規劃的訓練，那麼，學生往往不知道自己處在什麼位置，更不知道自己對應那個具體的階段，因此面對形形色色的理論和思想時，往往會主動的附和上去，更沒有辨認和分析

的能力了。許多朋友今天看這家好，明天看那家棒，最根本的原因在於不理解整體的構架和組成部分，因此，也就無法做出有效的判斷。有些太極拳愛好者本身似懂非懂，即便對過去前輩的拳譜背誦的滾瓜爛熟，但是，他並不明白前輩拳譜的內涵，長此下去，反而越發的迷茫；如今流傳的老拳譜很多，有些是前賢們對太極拳基本要求的論述，有些是拳學上乘境界的敘述，有些是拳法的奧妙的形容，如果對此沒有深刻的理解和分析，往往會本末倒置，倒果為因，由此而產生的錯亂也就可想而知的。

作為有志於拳學的人應該理解，具體拳譜對應的是體系中的那部分內容，描述的是什麼內容，針對哪個層次訓練，因為不同層次的理論指導和訓練的實質是不同的，不能夠混為一談，否則很容易做成夾生飯。

如果用製造自行車的方法去製造飛機，請問這個飛機誰又敢坐呢？同樣製造飛機的方法來製造自行車，那結果又是什麼呢？他們之間在某些方面有共同性，但是也有本質的區別。太極拳法也是如此，每一個層次都有相同之處，但也有根本性的區別，能夠正確的區分拳譜和前輩門的寶貴經驗，在每一個層次上都有明顯的劃分，使太極拳愛好者有路可尋。

太極拳的體系化整理這項工作是非常有意義的，他能夠檢驗太極拳訓練體系的正確與否，能夠起到了一個寶貴的理論指導作用，有了這個整體的構架，學者就如同有了修建房屋的藍圖，剩下的就看施工的品質了，有

個成語叫做按圖索驥，如此而已。

就整理太極拳訓練體系來講，這項工作是非常困難的，筆者目前還未發現有其他人公開實質的內容，但是這個體系對後學的指導作用是不言而喻的。筆者由多年拜師訪友，領會前賢們的教誨加之個人的實踐體會，把一些有一定造詣的弟子組織到一起，幫助我共同完成這套體系，把心得整理出來，筆者也相信會對後學起到一定的參考作用。

在此需要指出的是，這套體系並非是我發明的，而是傳統太極的訓練模式重新整理和組合，是新瓶裝舊酒。我在多年前拜師訪友時就比較注重搜集傳統訓練方式，向師傅求教的同時，詢問師爺那一輩人的訓練方法和特點，向朋友詢問他們師承前輩以及他們所知道的一些訓練方法，從中得以啟迪。

經過長期的收集，整理和實踐修練體認，並在前輩們的幫助下完成這一套訓練體系，其中大部分是前輩的寶貴經驗，三分之一是我的心得。

這套學術體系在我的弟子當中已經逐漸的開始傳授，效果是比較令人滿意的，基本上能夠做到學以致用，修練的成果也立竿見影。我們的訓練在前輩們經由大量驗證總結經驗的基礎上進行，這樣也會少走一些不必要的彎路和盲目的摸索，也只有在廣泛繼承的基礎上才能談發展，沒有繼承就如同無源之水，無本之木，這種前提下所謂的發展又怎麼能夠談得上持久呢。

不知道前輩們訓練的程式和方法，如何能夠驗證自

己的所學呢，過去的訓練模式經過幾百年的歷史檢驗，流傳到今天，生命力是不言而喻的，我們即使再聰明，人生百年能有多少時間來實現超越呢，筆者認為只有站在前人的肩膀上才能夠走得更遠，逐漸的形成知識的積累，而這個基礎在於繼承。

我有一個朋友，也是習武近 30 年了，在太極拳上下了一定的苦功，也有些所得，一次他體會到了某種境界，很高興的告訴了我他發現了什麼，我無奈的告訴他這種境界原來就有，在某某拳譜上就有明確的說明，只是沒有深入研究而已，此境界其實只是一種局限性的境界，我告訴這位朋友，習武的人大多都認為自己比較聰明，有些人是沒有靜下心來潛心鑽研前輩具體訓練內容和方法，而去花大時間去琢磨某些東西，還不如花大力氣沿著前人走過的路去潛心的鑽研，在前人的肩膀上，從這個高度再往前走，去琢磨另外層次上的東西豈不更好，也就是說對前輩的東西知其然知其所以然的同時，更上一層樓。

作為太極拳的修練者最忌諱的是拉大旗扯虎皮，有其名而無其實，好像自己很懂，達到拳譜上什麼境界了，其實不然，練拳最講究的是實事求是，訓練是硬槓杆，不因為自己主觀的意志就如何。不同層次的人是在不同高度上看同一個東西，得到的結論不同，領悟到的實質也是不同的。

我接觸的很多太極拳愛好者，他們對太極拳的訓練體系，大多都是非常模糊的，對於某一個層次具體應該

怎麼練，其驗證水準也很難說清楚，因此，這幾年筆者也是閉門謝客，潛心整理一套太極拳修練體系，為後人獻上一點微薄之力，將我對武學的執著追求中，得到的一點淺識融合前輩們的經驗，形成一套完整的體系。

但是，太極拳門派眾多，陳、楊、吳、孫、武這五大流派，它們的風格各異，各有特點，任何人也無法將他們統一。

就陳氏而言，有小架、新架、老架之分，都各有特點，拿老架來說，歷代相傳，傳人甚多，有些都形成了自己的特點。拳法也有一定的改變，誰又能說誰是正宗誰是錯誤的呢？各有各的理論，各有各的水準，而且在一定程度上也能夠自圓其說，作為太極拳的修練者來講就不要有門戶之見，這是相互間交流的基本的前提。即便同一個老師傳授的弟子，有很多也形成了自己的特點，因此，學者應該多吸取別人的長處，尋找自己的不足，當然知易行難，具體操作的時候就看每個人的修養境界和胸襟了。

我們不應該戴著有色眼睛去看問題，不能老是站在自己的立場來看待別人，多從對方的角度來分析，允許不同觀點的出現，從中研究他每一式為什麼要這樣做，他這樣做的目的和好處，從多個角度分析這樣做是否利大於弊，是否能夠在實踐中驗證，驗證當中發現了問題是否能夠克服，這樣的研究和分析也有利於自身的修練。

分歧和新鮮的事物往往是新的學習的機會，如果一

棍子打死，也就不會有任何提高了，換個角度看問題，也許雙方反映的是不同的內容，不同的側面，可能訓練的不同在於定位和目的的不同。過去的大畫家畫一個雞蛋，能夠畫出十幾個樣子，原因也在於觀察的角度不同。太極拳雖然特點各異，但是基本的訓練體系是有異曲同工之妙的。就像我們從小學到國中，到高中、大學，研究生，每一個階段學習都有一種共同性，學習的內容大致是相同的，它驗證的方法都是考試。

拳法的訓練體系也是一樣的，都離不開太極的陰陽轉換哲理，每一個階段都有共通性，雖然各有特色，基本的訓練理念是有相互借鑒及參考價值的。在不斷的思考和對比相同相異中間，往往別有風味，古人常說山重水複疑無路，柳暗花明又一村，又曰學然後知不足，教然後知困，只要抱著客觀實事求是的學習態度，那麼，也就能夠不斷的昇華自己的認識。

第二節　太極拳體系的檢驗原則

簡單的說來，筆者認為，一個好的訓練體系，必須具備以下幾個特點：

一、歷史淵源可靠，學術內容繼承的保真度值得信賴

所謂的學術歷史具有一定的說服力，畢竟流傳久遠的東西生命力是比較頑強的，也是經過幾百年的檢驗

的，這比起憑空出來的訓練模式更值得信賴。並且在流傳的過程中，保真度良好，古人云授人以魚，不如授之以漁。如果我們只是機械的複製前人的東西卻沒有得到完整的工藝，那麼，只能夠越傳越少，逐漸凋零。在這方面，好的學術體系既要求有一定的學術繼承，保真度也必須得到保障。

二、易於操作

傳統的訓練內容必須是可以看得見，摸得著的，能夠踏踏實實實現的。每種訓練內容都有它自身技術的極限，製造自行車的理論再高，最終只能造出自行車，要實現更高的速度，既要更換訓練理論，也要更換訓練內容，這也是太極學術層次化的根源所在。

三、當代戰績良好

事實勝於雄辯，優秀的理論來源於實踐，最終也必然回到實踐中進行檢驗，最終能夠被廣大的同仁所接受和認可。未來的傳統太極推手和散手，都是可以展示的平臺，一個體系的價值如何，都能夠得到一定程度的體現。

四、可重複性強

古人有云，將不過三代。歷史上出現過很多的太極高手，對這一點大家都是認可的，但後輩的功夫跟前人確有較大的差距，如果一個高超技藝不能夠重複再現，

那麼，也就說明這套體系的品質更多地依賴於學者的天才素質，這套體系的價值也就值得重新評估了。

因此，筆者認為，太極體系的價值如何，必須要參考習練者能否實現技藝重現。只有能夠做到可重複，可以完全的移植到下一代人身上，那麼，太極體系的價值才能夠被準確認定。

五、養練用兼顧，可持續發展

在過去的年代裏，由太極拳健身達到好效果的實例非常之多，但問題的另一面，對於那些效果不理想的又是什麼原因呢，這個問題也非常值得我們反思。對訓練而言，不能攻一伐，罰一伐，作為學者，如果因為修練太極拳過早的體力透支，造成身體的隱患，這就有些得不償失了。

眾所周知，泰拳在搏擊擂臺上戰績良好，但泰拳王的平均壽命不過半百，也非常值得我們深思。筆者認為，功夫高低尚在其次，一生平安是每個人的心願，因此作為對學術體系的檢驗來說，必須能夠做到保證習練者可持續發展，兼顧養生和技擊。

六、非常高的投入產出比

投入與產出這是每個學者非常關心的，一個拳種再好，如果投入的時間和資金過於龐大，在今天的時代就沒有一席之地，大部分武術愛好者都會忍痛放棄的。拿現代的搏擊來說，固然觀賞性比起幾年前有了較大的提

高，但一個職業運動員的日常經費開支是非常驚人的，對一個民間的愛好者來說，往往不具備這樣的條件。因此，衡量一個拳術體系，必須對比投入和產出，不能單純地看待一個結果。

筆者提出這幾個大的檢驗原則，也是希望朋友們能夠從多個角度來對比和衡量我們的傳統武術，不能以偏概全，忽略其他，那樣得出的結論是非常片面的，也是不負責任的。

第三節　太極拳體系的歷史淵源

太極拳流傳至今門派眾多，傳法各異，由於沿傳的時間甚廣，在傳播當中難免有很多精華的內容面臨失傳。長期以來，國人都沉醉在國術的博大精深上，但事物都是相對的，有一利必有一弊，因為博大和精深，往往讓學者不知所從，不知從何入手。

目前光太極的流派就有十來個之多，而且前人積攢下來的各種拳論和典籍眾多，但是，一直缺乏有效的整理和歸納。由於修練的人數眾多，魚龍混雜，各種言論往往不能自圓其說，互相拆臺，這些都是導致太極雄風不再的原因呀。

由於過於保守的原因，或者後人練功的刻苦程度不夠、理解認識與實踐的問題，導致太極拳的精華殘缺不全，能夠全面掌握整套體系和修練程式的人鳳毛麟角。這給太極拳的普及和推廣提高造成了一定的障礙。傳統

的修練體系環環相扣，各部分不可或缺，由於體系的不完整往往會導致整體效果的大打折扣。

筆者自幼好武，在太極拳的修練方面走了很多彎路，深知太極拳的理論高深，但實際達到要求者寥寥。如何能夠把傳統的太極拳前賢們所總結出來的經驗傳播於後人，一直是筆者深入思考的一個問題。

太極拳門派眾多，很難有一個統一的標準。各派都有一套自己的訓練方法，但是，在言傳過程中，由於每代主要傳人的資質、功夫、教拳的方式、方法都略有不同，有些拳師教拳的隨意性比較強，並不系統。如此一來代代相傳，而且前人如果沒有把整體結構交代清楚，那麼，後人的學習就比較困難了。

俗話說：「狀元師父未必有狀元徒弟。」選材與傳授的方式方法對於太極的修練都是非常重要的。如果有一個基本的訓練體系的話，那麼，訓練起來就可以按部就班，學者也可以心中明瞭，按圖索驥，進步自然就快些。作為初學者如果能明白每一個層次應該學什麼，驗證的效果、方式、方法，這樣會對提高太極拳水準有一定的幫助，就像我們平時上學一樣，國小、國中、高中、大學，每一個階段學什麼，一目了然。

就此想法我當時請教了多位師傅，把他們所聽的前輩和看到前輩的訓練方法講述給我。筆者在上世紀 80 年代就開始整理一套太極拳的訓練體系，當時考慮整理出來的體系要對後人負責，要求比較嚴密，經過近 20 年以來自己不斷地修練提高，在師傅和前輩們的幫助下逐漸

的完成，並且傳授弟子中不斷的修正檢驗，到目前可以說初步形成了一個整體的結構。

我的一位恩師是武當太極拳嫡派傳人周國遠老師，他不但給我講述了少年時隨其祖父學拳的經過，而且他接觸的名山大川的一些道友的一些心得，也講述給我。當時又給我講了這套體系，第一要由實踐的驗證，第二要能容忍他人的非議。後來師父給我題了一幅字：難忍則忍，難行則行，這幅字我一直銘記於心。恩師去年駕鶴西行（94歲），我有很多恩師已經過世了，但他們把他們的思想和經驗，由我作為一個載體傳於後人。

這套訓練體系目前已經得以完善，而且在我的弟子當中得以驗證，效果較為理想。但是，這套訓練體系不是某一門派的，而是多為前賢和同道們，講述加上自己的一點心得整理編創的，是前賢們寶貴經驗，筆者做了一下總結，並非獨創。

可能有朋友會問：你把多派的訓練方法搞到一起，是否可以應用於太極拳的教學，筆者認為這一點不必擔心，任何人都不可能統一太極拳的教學標準，各派都有自己的訓練體系，任何拳法都有自己的缺點，不可能是十全十美的，都有取長補短的必要。

筆者不求聞達於諸侯，也不求以此來實現大一統，只希望此套訓練體系能夠給太極拳愛好者有所借鑒和參考的價值，心願足矣。

太極拳法，素以養生為根本，技擊為靈魂。失去了技擊效用，就失去太極拳魅力所在。如今有些武術愛

好者對太極拳是否能用於實戰存在懷疑，特別是一些太極拳的初學者，雖對太極推手有一定體認，但真正與人實戰卻捉襟見肘，不免對太極拳的技擊產生質疑。凡此種種，皆非先賢所願，然疑惑為明理之先導，更激勵我們解決太極技擊雄風再現這個難題。

太極拳能否用於實戰這個話題，已爭論很久，即使在民國初期的比武中，太極拳也是敗多勝少。當時的太極拳家向愷然先生說：「在一次武術比賽之後，聲明以太極拳為專長的，多未勝利。而北平方面，所去應試之人，其勝利者，雖十之七八也曾練太極拳，但在報名時，卻未聲明以太極拳為專長……此番南京考試（注：指中央國術館南京國考）之結果便可證明練太極拳者不如練外家拳容易致用也。」

向先生還評論了太極拳的得失，他說：「練太極拳者，每有存心輕視外家拳之習氣，論拳理，太極拳自較外家拳精細，但外家拳亦自有其好處。」目前，人們普遍認為，太極拳只是健身的一種途徑（健身體操），而不能應用到實戰中去，在他們眼裏，太極拳如同馬戲團拉車的老虎，而並非昔日的山中之王。也有一部分人認為太極拳是十分高深的，大多數都是迷戀前人的輝煌，常言「斯技旁門甚多」，是己而非人，貶損別家拳法，這些都不是客觀、嚴謹的治學態度。

筆者早年也曾對太極拳的實戰功效產生過疑惑，但隨著個人不斷修練和體悟，逐漸加深了認識──太極拳的技擊性是無可質疑的。現就個人經驗分析一下，為何

太極拳在益於養生的同時也具備強大的實戰功能。

　　太極拳技擊，須在盤架、單操、推手（接手）修習熟練，且對知己知彼功夫有一定體認後方能進行。但盤架不等於技擊，前人有日盤架三十遍之說，是否知道三十遍之外還有其他的訓練方法呢？

　　有些太極拳初學者只知其一，不知其二。站樁、行功、太極棒、太極大竿、太極球、太極欄板盤架等各種自我訓練，只是一種「知己」功夫的綜合訓練，還要進行「知彼」的訓練，如：太極的沾黏功、推手、分手、接手等方面。這些訓練內容必須要有效的連接到一起，形成一個完整的體系，服務於中心技擊主題。兵法有云「知己知彼，百戰不殆」。只有形成這個高效訓練體系，各部分內容各司其用，實戰中才能使身法、手法、反應、距離感、時間差、接手的技巧和功力運用等方面恰到好處。

　　知己功夫和知彼功夫如同一陰一陽，相輔相成，缺一不可。盤架的功夫再好也不能代替技擊，技擊過程中雙方的機會都是平等的，盤架訓練只能為技擊提供各種素養，這種素養在技擊中起決定性的作用，技擊能力來源於平時的訓練，二者密不可分。簡單說，體用之道，皆不可偏廢。

　　太極拳的修練體系，是一個很系統、煩瑣的工程，每一步的訓練程式針對性非常強，目的非常明確，而且可以檢驗。這些都要從太極拳愛好者的的鍛鍊中來得以驗證，筆者準備再用幾年或者十幾年的時間，把我對太

極拳的理解整理出書，將其研究方式方法和訓練方法延續下去，另外，由培養弟子得到驗證的同時真正的培養出一些能夠面對實戰考驗的太極拳選手。

　　而後筆者歸隱山林，歸隱的目的就是因為我所見所聽的前輩的一些功夫，傳授我的一些方法，還沒有達到那種境界，需要潛心的去演習，把過去的前人一些秘本，要逐一的去驗證，等研有所成，再傳於弟子，使傳統太極拳能夠更好的延續下去，盡點微薄之力。

第四節　太極拳體系修練程式和層次結構概論

一、總　論

　　拳法講究手無定法，身無定形，腳無定位，三盤合一周身皆手，無處不擊人，三盤在實際運用中，講究法無定法，有法即空，處處又合於法，如郭雲深所說：拳無拳，意無意。無意當中是真意，有形有意皆為假，無形無意方為真。太極拳講究無形無象方為上乘，有形有象皆屬初級。

　　一法不立，萬法不容。對初學者來說形與意還是至關重要的。形與意屬於初級向上乘過渡的階梯，但不可將其作為武學的根本。只是通往無形無意先天本能的橋樑。現在有些初學者過分沉於模仿一招一式。又把意識縱橫交錯，並用潛意識貫穿到拳法當中去，這種訓練方

法是否得當，可能有些名家及弟子們另有方法。我對此不甚瞭解。

我習練心得是講究任何功法都要適度，不可偏頗。意念過重雖對拳法增長功力有一定幫助，同時也會使打擊力有所提高，但任何事都有兩面性。有黑即有白，意念過重勢必會使人的心腦血管系統加大負荷，對人留下一定隱患。大成拳王薌齋講：「武學顛峰只是禪學末梢。」佛家講：「萬般神通皆小術，惟有空空是大道。」道家講：「練神還虛。」雖叫法不一，但原理相通拳學亦是如此，不要被基礎的理論束縛，片面的追求所謂的絕招。

傳統太極拳不主張直接盤架，其訓練方法為：站樁→單式→盤架。樁法分為站樁和行樁。

站樁是一種靜止狀態，在靜中求動，雖然肢體不動，但用意念引導，意念假設來達到內動。

行樁是在活動中找感覺，功力，行樁有具體訓練方法，可以使站樁的功力有效地發揮出來，因為站樁得到的功力不能夠直接在運動中發揮，行樁便是連接站樁和盤架的橋樑，從定到活。

盤架是一種綜合性的訓練方法，既可作為行功，又可為功力、手、眼、身、法、步、精、氣、神的綜合體現，但盤架只能訓練較為初級的東西，因為盤架有一定固定模式和一定規律的意念活動，這在拳法中有形有意，拳有一定的模式就無法擺脫，固定形式高階段隨無形無象，無固定模式，但卻遵循太極拳陰陽轉換的哲

理，盤架的功效對技擊沒有太多的作用，只能作為基礎訓練。

有形有意的東西還存在一種假設，在實戰中很難發揮出來。對方不會按自己想像方法打。從有意過渡到無形無意，隨勢打勢，才能發揮所學。

二、太極拳體系訓練內容的層次劃分和要求

太極拳訓練的環節眾多，需要檢驗的內容眾多，光站樁的要領說出來就可以寫上一整篇的文字。學習太極拳不可能一步登天，那種缺少基礎的功夫會直接導致求而不得，鏡花水月雖然可以觀賞，但卻始終達不到。蠅蟲不能落，一羽不能加，耄耋能禦眾，都是太極拳技擊的高超表現，但九層之台起於壘土，必須循序漸進，逐步實現，凡成萬事功業，必先立起根基。不謀一世者，不足以謀一時，希望學者能夠立大恒心，大意志，方能獨樹一幟。內功經有云，夫宇宙之正道，原未有近路也，不過有本末先後耳。後此變化無方，皆前此循序漸進有以致之也，何有近路之可言哉？學海無涯苦作舟，望同道謹記。

以下將對太極拳體系部分訓練內容的層次結構作一下介紹，具體的訓練環節，將在後面的章節進行描述。

(一)間架結構

這個間架結構分定態、動態、變態（就是拳學的運

動軌跡）

(二)力的主導

1.以腰為軸帶周身。

2.以神經末梢帶周身。

3.以神帶周身。

(三)丹田修練

1.氣沉丹田。

2.氣轉丹田。

3.丹田鼓盪。

(四)下肢變化

1.上輕下實，兩腳落地生根，不倒翁。

2.兩腳如棉無定所，虛實轉換自然中。

3.如履薄冰，戰戰兢兢；任何一點即分陰陽，虛實轉換無形中。

(五)盤架高度

分高盤架、中盤架、低盤架。

(六)盤架速度

1.拳法慢中求。

2.拳法快中變。

3.快慢相間求自然。

(七)眼神配合

1. 講究眼隨手行。

2. 中級階段以手追眼，眼神到、手、身、步、意識全到。

3. 高級階段要求神光內斂，神不外泄，過去有以神打人之說，有的人說用眼一看對方，就使對方完全喪失戰鬥力，這種說法言過其實。筆者所知神打人是在與對方眼神相對之時，眼神的突然變化，露出凶光咄咄逼人，可在瞬間驚嚇住對方，而不是眼神便能將對方如何。

(八)推　手

1. 推手。
2. 沾手。
3. 分手。
4. 接手。

(九)技　擊

1. 形有勢。
2. 變化自如，隨勢打勢。
3. 何處沾點何處擊，無招無勢。

技擊中要求：步無定位，手無定法，身無定形，希望太極拳愛好者對此三句話多多領悟。

以上例子說明太極講究手、眼、身、法、步、精、氣、神、頭每一層次訓練都有相應的要求和水準，在此

給讀者一個整體的構架，具體的訓練內容後文詳述。

第五節　太極拳參與者職等劃分

——教練，陪練，研究員角色介紹

太極拳教學參與者的角色劃分，就這個問題，筆者也作了一些系統的研究和試驗，作為一個更完備的太極拳體系需要培養出高水準的繼承者和發揚者，也的確需要一套較為完備的訓練體系。

筆者初步把教學人群劃分為幾種角色，教練，陪練，研究員，當然實際操作中可能是一人或者幾人承擔這個角色，但未來職能劃分，分工明確也是一個發展趨勢。一個技術體系越細緻，需要參與的人手跟技術要求也就越高，這已經被現代大工業的發展歷史所證明。拿現代的搏擊運動來說，分工明確，任務清楚也是一大特色，其特點就是能夠保證在各方面都達到較高的水準，並且大大的減少訓練者的腦力負擔。

一、教　練

教練顧名思義就是學生的引路人，訓練方法的正確與否直接關係到學生以後的成長，俗話說：「入門引路必口授，學拳容易改拳難。」有些太極拳愛好者到處學，跟的老師倒不少，但很容易練成夾生飯，因為每個老師都有自己的訓練方法和風格，所以，作為初學者真可以說是博採眾長的夾生飯，如果不是系統的訓練體

系，很難訓練出高水準的太極拳選手，就是去十個地方學，都練的小學課程，中學大學的課程又在那裏呢？博採眾長是到了一定的水準，有分辨的能力，知道自己需要什麼、不需要什麼。

但是，武術的大環境是神功高手到處都有，給一些初學者無形中產生了好高騖遠的性格，忽略了基本的訓練，就筆者切身體會，平時在傳授武術當中，有相當一部分人，喜歡請教一些某某式應該怎麼用，某某人這一招我應該怎麼辦。瞭解一下基本用法也不是不可以，但筆者認為有些捨本求末。教一些認為的想像的用法和訓練方法，反而有些人更喜歡接受。

一些可造之材，按照最基礎、最核心的訓練方法進行訓練，反而會覺得枯燥無味，認為老師不好好教他。有些教練迎合不同的學員採取不同的方法來進行訓練。筆者認為應從枯燥當中尋找樂趣，也就是一生二，二生三，三生萬物。

太極拳的千變萬化都離不開核心的主軸，太極拳的訓練和變化要求自然本能，這種自然本能才符合太極拳高水準技擊訓練的原則，而不是想像對方一招打來我怎麼樣攻防轉換，這些模式對初學者可能還有用，但是不適合太極拳高水準的技擊需要。隨勢走勢，見勢打勢自然本能都做到了，沒有大腦考慮的時間，所以他的訓練簡單直接，直入主軸。

第一年簡單枯燥，第二年簡單中就有多種變化，就會覺得變化無窮，但是，往往有些人就這一年都忍受不

了，去追求一些招法。作為教練也有自身的難度，自己的想法也很難強加到弟子當中，弟子與教練的確需要一個很好的交流，愛好不同，追求的目標也不同。

作為一個教練決不是簡簡單單的去教太極拳，而是需要一種溝通，使雙方能更好的配合。大多練習者都會跟教練很好的配合，但是筆者所說的教練不包括所謂的大師和濫竽充數者。

二、陪　練

陪練在太極拳學技擊當中是非常重要的環節。比如中國乒乓球在國際上的實力是非常強大的，原因主要有以下三方面：教練水準、訓練氛圍（陪練），科學的訓練體系。中國國家乒乓球隊的陪練隊員水準都是非常高的，才能夠帶出更好的選手，如果好的選手都是和初學者訓練的話，教練再好，也很難訓練出世界冠軍。因為在訓練中沒有上乘技術水準的發揮，就很難體會到，也更難去適應各種風格。

太極拳訓練體系中，陪練也是一個重要的環節。陪練水準的高低直接關係到以後武學整體水準的提高，陪練決不是亂打、胡打。

陪練最重要的作用是能夠把一個太極拳愛好者帶成一個技擊家，陪練的水準要求非常高。比如：陪練能夠控制節奏，這個節奏快慢相間，虛實轉換是對方能夠適應於你的節奏，在虛實轉換中如何保持自己的體能，儘量地減少消耗，又可在瞬間把自身的能量更有效的發

揮，現在有些選手在技擊中或者是一路狂打或者坐等防守，缺乏在實戰中瞬間的本能反應。

陪練可以採用不同的速度、不同的節奏、不同風格的拳法、不同的力度、不同的勁力讓選手可以有一個適應應對的過程，作為太極拳選手，面對的是各門各派，決不單一是應對太極拳本門的風格，因此，陪練見多識廣對選手的幫助是非常大的。

作為太極拳步入技擊的殿堂有很多路需要走。比如：如何尋找對方的空檔，隨勢打勢，隨機應變的打法，在這一步訓練當中，陪練有至關重要的作用。他可以故意露出空檔，讓選手擊打發放。這種空檔是在技擊訓練當中尋找和訓練出來的。

所謂想像的一招一式怎麼打怎麼防，對號入座，在高水準技擊當中毫無用處。我們需要訓練一種自然的反應，運動中本能尋找對方破綻，進行打擊。

陪練在承接轉化對方的來勢時，可以採用不同的方式方法叫選手適應，在不同的方式方法中，使選手適應不同風格的變化。在實際運用中，陪練也可以說就是對方的靶子，在防守中儘量發揮選手的平生所學，防守的同時也可以逐漸的給對方實施打擊，從初級到高級，用不同的方法，才能讓選手有適應的過程。這樣更有利於選手在攻防轉換中本能的反應。

陪練還有一個非常重要的作用，選手在運動中力量發不出來或者達不到預定效果，陪練可以採用一些行之有效的方法，使其把勁力更有效的發揮出來。在太極拳

推手、技擊當中，有一個好的陪練，能起到事半功倍的效果。

三、研究員

研究員作為太極拳的學者，或者說太極拳的愛好者，可以研究太極拳的各個相關部分，有些人喜歡研究太極拳的歷史，這也是比較有意義的事情，有利於正本清源。

筆者更喜歡研究太極拳的實質，太極拳學本身是一門高深的體系，比如：太極拳的對抗性訓練，如何儘快恢復體力，更好的投入再訓練，傳統的太極拳訓練和當今有些名家所提倡的舒適自然是有所不同的。

舒適是在艱難痛苦磨練之後產生的，如果單一追求健身養生的愛好者，不在本文探討之列。

比如陳氏和楊氏的低盤架可以在八仙桌底下進行訓練（但並非指在八仙桌底下練拳，而是能在此高度上訓練，現在這樣練太極拳的非常少了），腿下的負重能力是比較高的，身體的放鬆程度一般的初學者是很難做到的。為了矯正身形有拉竹板的、頂東西的、訓練起落平衡的，這些針對的訓練要求都是非常刻苦的，這些訓練方法能達到什麼訓練效果，每項訓練的效果怎麼樣連接到一起，形成一套完整的體系。

另外，還有一些針對某一方面秘傳的功法，特殊訓練模式。有些訓練方法會不會給身體造成一定的隱患，如何去彌補。在沒有形成病灶之前是較好調節的，一旦

形成病灶就非常困難了。

另外，都說太極拳養生效果很好，養生的機理是什麼，怎麼樣做到養練結合。養也分為多種多樣的。比如：根據自身的身體需要或者某一臟腑不適，可以透過食療調節，在我們日常生活飲食當中進行調節，透過食物的化學反應，長期的飲食調節可以達到一定的調節治療功效。或者自身需要某些養分的補充也可以透過食療進行補充，如果跟氣療相互配合效果更好一些。

筆者認為作為研究者來講，把前人的寶貴經驗有效的結合到一起，是由自身的訓練總結出來的理論和實踐體系，自己就是試驗田，經過實踐檢驗的體系更有可信度。作為研究者，最忌諱理論大師，沒有自己的切實體會，想當然的理論很可能會誤導別人，想像的體系和自身體會出來的體系完全是兩種概念。

筆者經多年的體會，對太極拳的研究建議從以下幾個方面進行探索。如：

站樁的作用、訓練方法和體系；其利與弊。

盤架是訓練什麼，核心是什麼，作用是什麼，是為什麼服務的。

打手如何把平時所訓練的內容連接到雙人對抗當中，就要經過推手、沾手、接手等過程，每個過程的主要目的和連接過程；技擊的幾種層次，訓練方式，綜合的體現。

另外，太極拳學還有很多針對性的輔助訓練，每個過程，方法，要求，目的都不同。比如太極球，太極大

竿，太極舒筋功，每一個層次訓練的方法和目的都不同。太極拳的養生學，也都有很高的理論和實踐基礎沿傳下來，如果我們這代人能夠把它有效的連接，形成一套完整的體系，那將會對後人做有益於太極拳繼承和發展的工作。

也有人會產生疑問，太極拳層次和訓練方法這麼多能顧的過來嗎？

實際不然，本身不同的功夫境界訓練的指導理論和具體方法都有所不同的，任何一種訓練方式不能完全解決所需要的各種素質，而且每種訓練方式都有他的局限性和開發極限，自行車再快，再改進，都是有限的，為了更高的提高速度，太極拳訓練亦是如此。

第六節　太極拳體系的定位和發展

由於時代的變遷，冷兵器時代早已經過去了，現在是資訊時代，由於社會節奏較快，生活壓力變大，人們對太極拳的要求也發生了變化，這與每個人的興趣及生活狀況都是密切相關的。有些人是想繼承傳統太極拳並得以發揚，另外一些群體是由於身體健康原因學練太極拳的。所以，對不同的人群要有一個合理定位，具體訓練上也應該有所取捨。

太極拳的繼承是需要付出極大的心血才能夠完全繼承這套完整的修練體系，即便這些人群當中也根據目的不同有所側重。

　　表演的套路所追求的目的和技擊不一樣，訓練的方法與傳統的功力技法所訓練的盤架是有一定的區別的，應該區別對待。健身推手和競技推手，傳統的為技擊服務的推手風格和要求各有不同，所以他們的訓練方法和理念都是不同的，技擊、傳統的自由搏擊，和現在的競技散打訓練的理念和方法都是不同的。

　　所以說不同的群體，不同的愛好都有他追求的重點，作為一個太極拳的傳播者，是否能夠對多種群體，多種愛好都整理一套較為完善的訓練體系和理論體系，抓住某一個核心進行突破需要其他的素養進行配合，相應的能夠達到某種要求和實際應用的水準，如此才能夠具有廣泛的適應性，不至於千篇一律。

　　對於其學生個人來說，這樣可以縮短訓練的時間，達到自己追求的效果，這樣教學也是比較人性化的。

　　筆者認為每個人都有自己的想法和目標，但它畢竟是一套完整的體系，每個環節都有自己的作用，如果缺了某一環節，也可以說缺少了某些作用，太極拳的練與用是一種綜合素養，融合一起，但目標不同可以偏重，不過，整體體系不可偏廢。每個學者必須在理解整個體系的前提條件下有所側重和追求，這樣繼承和傳播的體系才是健康的，經得起考驗的。

　　對於治病健身的群體，也可以安排更有針對性的訓練內容，有人是進行整體的體能調節，透過鍛鍊使自身的體力有所改觀，抵抗力強了，調整自己的體質和精神狀況，對疾病預防能起一定的作用。

　　整體訓練對於器質性病變有很大益處，對延緩或者阻止臟腑形成的病灶有一定效果，但對於明確的疾病，在力所能及的範圍內要根據不同的身體狀況針對調整。有時只需要一兩個動作，只要方法得當，針對性強經過一段時間鍛鍊就可以達到治病健身的作用，治病原則是不在於動作多少，意念多複雜，而必須辨證施治，方可奏效，所以說太極拳學應當說是較為深奧的拳學。

　　具體操作必須根據不同的體質狀況和不同症狀需要針對訓練，關鍵需看傳播者是否能抓住主題，圍繞核心進行訓練，辯證施治。

第**3**章

太極拳體系的養生部分

第一節　太極養生理論

　　是否練了太極拳一定就能夠養生呢？平時一說到身體不好，有的朋友就推薦打太極，更有甚者戲稱太極拳是老弱病殘學習班。但具體每個人經過太極的訓練，到底能得到多大的改觀和恢復呢？不可否認的是，很多人通過練太極拳達到了健身的目的，但也有一些朋友因為練功不得法，對身體造成了一定程度的損傷。

　　下面一段文字是前輩周潛川在《氣功藥餌療法和救治偏差手術》一書中所寫的：

　　現今流行的太極拳，門派分歧，本質自然也因之而有些差別，詳細觀察各家的方法，連練功的「拳路子」也不相同。至於內裏氣脈的運行，各家更是分歧，然而都共同地運用「全身放鬆」和「氣沉丹田」的方法，因此很難評論各家的長短。但就所編造練功的「拳路子」

而論，似乎過於繁複，而違背了「太極十三式」的簡賅原則。尤其是有某些動作，在身法的方向轉折，腿腰的消步進步，指掌的屈、伸、探、撈，胸腹的吞、吐，凹、吸，肩背的消、聳，搖、曳，頭頸的頂勁撞勁，都因架子繁複，反而把全身的「經絡」、「氣脈」搞得糾結不清。例如：三陰的氣脈每每過遲，三陽的氣脈，經常領先，太嫌過速，二者不能緊密地配合。

據我不完全的統計，我所接觸過的一部分練太極功的人，大約十分之三四犯了上述偏差，他們不是面如塗朱，便似酒醉，表面容光煥發，精神健壯，而細察內臟經絡，每患消渴症（即糖尿病），虛陽上逆症（血壓高的病因之一），左半邊身體發麻症（陰分受病的現象），後來大半因高血壓而中風不起。

可見前人對部分太極拳訓練者的養生問題還是有一定的看法的，固然不代表絕大多數，但也反映了一種事實。不過，這種呼籲的聲音實在太小，都淹沒在對太極拳的一片叫好聲中了。

筆者認為符合養生原則和習練者身體狀況的才能夠起到養生的效果，否則可能會適得其反。作為一個研究者，我們應該思考，練拳的養生機理是什麼，為什麼有人能練好，有人卻練壞了，對於這個的深刻反思反而能夠更接近於問題的本質。

練拳如同用藥，針對不同的體質狀況，應該有所不同，天下沒有包治百病的藥，同樣同一個訓練內容也就可能對不同的體質引發不同的效果，在此筆者也呼籲，

練拳一定慎之又慎，否則傷了自己，悔之晚矣。

「人得五臟以成形，即由五臟而生氣，五臟實為性命之源，生氣之本」，太極門中的五行調節法，根據五臟六腑的病症不同，在同一套拳法之中，可針對不同的疾病採取不同的練法，透過肌體與意念調整，用五行相生相剋的原理，辨證的調整臟腑的機能，氣血的平衡，使臟腑疾患得到調整。

這種調整只能因人而異，根據每個人不同的身體狀況而定，不能固定的說每個人怎麼練，而是根據不同的體質運用的意念訓練的內容都有所不同，同一個架勢練的東西就不一樣了，這就如同給病人開運動處方，試想怎麼能一個方子適用全部的人群呢。

太極盤架可把有限的能量依據五行生剋乘侮原理，用於調養某個需要的臟器，能夠很好地起到祛病健身的作用。由採用盤架的整體療法，使氣血在周身運行通暢，調養五臟六腑，而這種方法相對普通療養方式更直接一些，能夠更好地起到祛病健身的作用，可充分提高人的身體素質。

應該說太極拳的養生作用主要體現在防病和輔助治療上，對於慢性疾病或者氣質性疾病都有比較好的效果，但對於病毒性的和急性病往往力量有所不夠，因為本身對人體元氣的調度和培養也是需要一個時間的，病情有輕重緩急之分，筆者也建議朋友們選擇太極拳作為健身養生手段的時候一定深思熟慮。

太極拳的訓練能夠做到固本培元，元氣充足自然人

體抵抗力就增強，傳統有句話，君子不治已病治未病，事實也證明，訓練得法的太極拳高手很少生病，而且基本上生活品質比較高，精力旺盛。

既然說到五行生剋之道，在此就描述一下其中的指導思想和理論，中國的傳統文化一脈相承，醫學、易學、武學，很多的指導思想都是統一的。人體小天地，天地大人身，自然界各系統有五行的性質和關係，人體內各系統也有相應的五行性質和關係，同樣可以歸屬五行系統中，這也體現了天人相應的思想。

《素問·陰陽應象大論》說：「天有四時五行，以生長收藏，以生寒暑燥濕風；人有五臟化五氣，以生喜怒悲憂恐。」天人合一的思想是傳統文化的精髓，作為後人我們不好評價是否跟現代西方科學的關係一一對應，因為科學是在不斷發展的，短期內看上去沒有任何關聯的事務，可能在未來能夠發現彼此內在的聯繫，對此不能一棒子打死，要看它應用和實踐的結果，可以肯定的是透過這套思想，我們的祖先做了很多重要的發明發現，也產生了很多的文明成果，包括今天很多傳統醫學案例也證明此種思想經得起考驗，能夠客觀的指導實踐。

自然界裏的五行歸屬與人體的五行歸屬都兩相對應。天時的運轉能夠影響自然的變化，同時也對應的影響到了人身，隨著天時的運轉變化，光照、空氣、溫度隨之變化，草木感天時而動，乃有春長夏榮秋枯冬蟄，因為植物的繁衍變化也就影響著自然界動物的繁衍生

息。人作為自然的一部分，固然生活規律不拘泥於自然的變化，可是人體氣血情緒等必然感應天時而動。春天植物萌動，動物的發情期也多在此時，人在春天的性慾也是最旺盛的，可以想見天人相應的道理是被事實所證實的，值得信任的。

首先解釋天時與五臟的對應，春季屬木，肝臟也屬木，因為木具生髮的性質，春季正是生機旺盛，百木萌發的季節，肝臟功能具有疏洩氣機，性喜條達的特點。

夏季屬火，心臟也屬火，因為火有炎熱上升的性質，夏季正是炎熱的季節，而心臟功能「主血脈，其華面」，也有上炎的性質。長夏屬土，脾臟也屬土，因為土具生長運化的性質，長夏正是生長旺盛時節，而脾臟功能主運化小穀精微和運化水濕。

秋季屬金，肺臟也屬金，因為金具有肅降的性質，金秋季節正是瓜熟蒂落的季節，而肺臟功能也主宣發與肅降，具有促進氣與津液的運行，並使之下降以保持肺氣清寧。

冬季正是寒冬冰雪季節，腎臟功能主人體的水液代謝，使組織利用後的水分排出體外。

傳統的醫學調養身體都比較注重季節，冬天用藥容易入腎，夏天容易調養心臟，這些都為太極拳的訓練提供了好的參考。

以下是五行學說對臟腑的解釋：

（1）以五行學說闡明臟腑生理

以五行生剋關係可闡明以五臟為核心的人體的各個

生理系統。現以五臟為例說明。由五行歸類已知肝屬木，心屬火，脾屬土，肺屬金，腎屬水。

何以相生？肝（木）藏血上行濡養心（火），心（火）之熱溫運脾（土），脾（土）水穀之精氣上養肺（金），肺（金）肅降，通調水道，以助腎（水），腎（水）之精可以滋養肝木。

何以相剋？肝（木）之氣條達，疏泄脾（土）之滯鬱，脾（土）運化可制腎（水）之泛溢，腎（水）上濟心（火），以制心（火）上炎，心（火）之溫熱，制約肺（金）清肅太過，肺（金）肅降抑制肝（木）之陽上亢。

（2）以五行學說闡明臟腑病理

傳統醫學認為五臟之間是相互影響相互制約的，這與頭痛醫頭，腳痛醫腳的理念是截然不同的，比如一個人肺弱，自然容易就導致腎臟不太理想，因為金生麗水，肺金不足也。如果臟腑正常的生理化關係受到破壞，便出現病理變化。以五行學說的相乘相侮關係可解釋病變按相剋途徑傳變的病理現象。例肝（木）之病可傳脾（土），為木乘土。脾病也可傳肝，為土侮木。如果病變沿相生的途徑傳變，病由母臟傳及子臟，如果病由子臟傳及母臟，稱為「子盜母氣」，例心（火）之病傳肝（木）即是。

根據五行學說，也提出了許多治療原則，應用相生的原理有滋水（腎）涵木（肝）法，培土（脾）生金（肺）法等，應用相剋的原理有扶土（脾）抑木（肝）

法，培土（脾）制水（腎）法等。若有虛證，則用「虛則補其母」的原則。如肺虛證用培土生金法，因為脾（土）為肺（金）之母。若有實證，則用「實則瀉其子」的原則。如肝（木）亢盛，可瀉其子心（火）以平肝（木）。

最後，由上面五行生剋的道理，大家對於基本的原理有一個清晰地認識，對於其與太極拳的關係可能還不太明確。下面稍微做一下介紹，比如用藥可以滋水（腎）涵木（肝），那麼，練功的時候同樣可以調腎，從而達到涵木的目的，換句話說，我們採用的是五行之理，用的是太極之形，殊途而同歸。

傳統醫療方式有三種，氣療、食療、藥療。氣療為上，為何呢？是藥三分毒，雖然用藥可以治病，但是無形中有些不必要的成分對人體有所損傷這是肯定的了，而且會讓人形成對藥的依賴性，不能夠固本培元，如同溫室的花朵，還是需要經常照顧。

各位讀者不妨可以留意一下，大病過後的人往往身體發虛，雖然病治好了，但人呢？我們治的是病人，不是治病，在此也足可以說明目前一些醫療理念的局限性，攻一伐罰一伐，要知道人體是病毒與藥的戰鬥戰場，戰鬥結束了，損傷的還是人自己呀。

藥品畢竟不是人體所需的自然成分，是一種非常態下的選擇，因此人體的各個系統對此有一定的抵抗力。而且對於久病不治的人來說，往往形成抗藥性，藥的使用效果越來越低，這點已經被醫學的發展歷史所證明。

過去頭痛腦熱發燒，幾片阿司匹林就能夠治好，現在再吃基本上就不起作用了，為什麼呢，因為幾十年以來已經在人體內形成強大的抗藥性了。

食療比藥療更進一步，食品的毒性大大降低，另外把治病溶於生活日常起居，那麼不但醫藥費大大的減少，而且自然而然的就能夠調養好身體，相對來說食療的效果比藥療慢，但適應於慢性疾病和長期性的病號，而且病人容易接受。氣療從境界高度上是最佳的，因為不借助於任何的外物和生活習慣的改變，而是利用自身元氣的培養恢復，調動自身的恢復力量來防病治病，一方面不用增加外物的投資，另外一方面經過自身的恢復性訓練，往往不但能夠治好疾病，而且病人的體質也會有極大的改觀，容光煥發。

在此需要指出的是，治病救人，必須要考慮輕重緩急和療程長短，來選擇合適的醫療方案和方法，不能千篇一律，否則後悔莫及。

從陰陽學的理論來講，病理是辨證的，人的一身也可以陰陽屬性來劃分，這在《素問・金匱真言論篇》裏說得十分詳細。它指出：「夫言人之陰陽，則外為陽，內為陰。言人身之陰陽，則背為陽，腹為陰。言人身之藏府中陰陽，則臟者為陰，腑者為陽。肝、心、脾、肺、腎五臟皆為陰，膽、胃、大腸、小腸、膀胱、三焦六府皆為陽。」「故背為陽，陽中之陽，心也；背為陽，陽中之陰，肺也；腹為陰，陰中之陰，腎也；腹為陰，陰中之陽，肝也；腹為陰，陰中之至陰，脾也。」

另外，四肢為陽，軀體為陰；氣為陽，血為陰；津為陽，液為陰。

如一位太極拳愛好者腎臟有毛病，引起腎臟毛病的原因是很多的，從中醫的理論概括的講，他可能是腎陽出現了問題，或者是腎陰出現了問題。如果不是辨證的針對性的訓練，很難保證他的鍛鍊效果，甚至適得其反。古代名醫華佗給兩個同樣病症的人開不同的藥，病人問他原因，他說你們兩個病理不同，體質不一樣，自然用藥不同。

當然也會有一部分人在沒有深究所以的情況下，透過訓練病情得以好轉或者痊癒，此中多屬於氣質性的病變，同時透過太極拳的習練，可以提高人體的基本素質和一些方面的免疫能力，而人體素質提高以後，元氣充足，一些病灶會有明顯的減輕或治癒。而這種方法相對治療單一疾病的某一常規方法，其治療的速度相對的慢了一些或有些鍛鍊效果又不夠顯著，但對習練者自身整體素質的提高則有較為理想的效果。

作為真正的太極拳養生愛好者，應該能夠辨證的去認識，不能因為好轉而忽視了更加深入的認識，理解越深，自身的養生效果更加穩妥。

祛病延年畢竟不是賭博，如果能把人體的機能，老化衰退的自然規律在太極拳修練體系中辨證的、針對性的訓練，延緩人體的衰老，增強機體的活力，那樣太極拳的養生作用才會發揮的淋漓盡致。

第二節　精氣神對人體養生的影響

黃帝內經曰：「法於陰陽，合於術數，食飲有節，起居有常，不妄勞作，故能形與神具，而終其天年，度百歲而去。」這是傳統醫學和養生訓練的根本之道。養生的訓練方法有很多，太極拳的養生主要是在精氣神的修養和鍛鍊上下功夫，精氣神三者缺一，人的生命不能存在，精是立身之本，先天之精是隨生命，後天之精是水穀精微之物存在於自身的生殖之精。傳統的丹經講究練精化氣，精足則氣足，氣足則神旺，精氣神三者相輔相成，相互依存。

水穀之精，化氣療於腎，氣乃重組人體的一種精微的物質，對於真氣中醫講究元氣，宗氣，營氣，衛氣，其中人體內部的氣稱為內氣，也叫臟氣，元氣，血脈內的為營氣，血脈外的叫衛氣，積存於胸中的叫宗氣，這都是營養人體維持體溫，抵禦病邪的流動著的內氣。氣之為用，無所不至，在外有六氣之侵，是指風寒暑濕躁火六氣，在內則有九氣之耗，指的是喜怒哀樂憂思悲恐驚之九氣，由此而引起了元精元氣的消耗。

神是人的思想意識的總稱，精是基本，氣是動力，神是主導，神是人體生命活動的體現，傳統的養生講究聚精，養氣，存神，充分指出了重要性。內經講呼吸精氣，獨立守神，可見呼吸訓練之重要性。

上焦氣化作用增強可以將精微的物質透過經脈充實

自身，中焦氣機暢達又能增強脾胃之氣，可使食慾旺盛，體重增加，下焦氣機得調，則腎陽之氣充沛更有助於脾胃的運化及溫煦全身。

談到太極的養生，就不能不談到氣。氣是客觀存在的，在體內是無處不在的，它有先天和後天之分。「靈樞」記載中有「真氣所受於天與穀氣併而充者也。」我們由後天的鍛鍊來尋求「真氣」，但是這個過程是很漫長的，只有從後天基礎理論的修練開始，逐步過渡。

陳氏太極拳十八代傳人陳績莆在《陳氏太極拳匯宗》一書《氣》中有所敘：「天地間未有一往而不返者，亦為常有直而無曲者矣；蓋物有對待，勢有回還，古今不易之理也。常有世之論者而兼論氣之矣。夫主於一分為二；所謂二者即呼吸也，呼吸即陰陽也，人不能無動靜。氣不能無呼吸，呼則為陽，吸則為陰，上升為陽下降為陰，陽氣上升為陽，陽氣下行為陰，陰氣上升即為陽，此陰陽之所以分也。何謂清濁；升而上者為清，降而下為濁。清者為陽，濁者為陰，然分而言之為陰陽，渾而言之統為氣：氣不能無陰陽，即所謂人不能無靜動，鼻不能無呼吸，口不能無出入，而所以為對待回還之理也。然則其分為二，而貫於一，有志於是途者，甚勿以是為拘拘焉而。」

第三節　渾圓一氣的三重境界

就渾圓氣而言，標準不一，練法不同，層次也沒有

明顯的區別，有很多叫法：渾圓氣、渾圓一氣、渾圓功等等。實際叫什麼名字並不重要，關鍵是其中的內涵，如果只有好聽的名字，沒有實質性的內容，那就是名不副實了。

就筆者所學和心得而言，客觀的講不能說自己真正的掌握了渾圓一氣，因而對別人指手畫腳，但是筆者所述都經過長期的實踐，都是自己的心得體會。渾圓一氣可以由站樁、盤架等多種不同的方式來訓練，但具體的效果和檢驗方式是一樣的，殊途同歸。

概括講渾圓一氣有三個層次和五個層次之說，在此著重講一下三個層次，渾圓氣的修練分為臟腑渾圓，經絡渾圓，丹道渾圓三重境界。人體和生物都有密切相關和相同之處，如一棵樹有樹皮、樹幹、樹筋，內外既有區別，又是密不可分，緊密相連的。人體的肌肉、皮膚、骨、氣血、臟腑、經脈、骨髓等等，他們彼此都不是孤立的，都各有其用，都是相互影響，息息相關的。氣血行走周身，各部分都能夠相互的影響，因此古人云，萬病起於氣血。

現在有很多拳法講究易筋、易骨、易髓，有的採用意念或者吐納導引等方式，也有的把外面的形體訓練也附會到上面，頗有些掛羊頭賣狗肉之嫌。

拳法講究一練筋骨，二練氣血，三修神意，這不是泛泛而談的，而是採用不同的訓練方式達到不同的目的。目前有些訓練方式根本練不到內臟，卻大談易髓等等。請問髓是何物？這些訓練方法跟易髓又有什麼關係

呢？在此筆者留一個問號，供讀者反思。對於其他朋友的論述，在下無從評價，還是留待後人檢驗。

第一層肺腑渾圓，練的是臟腑之氣，筆者採用站樁和行功訓練，使自身上、下、前、後、左、右形成上動下隨，左動右隨，舒筋開骨，圓活自如。使氣血的調和，伸縮開合，周身鼓蕩形成一體，使全身上下的氣血貫通，形成一體，達到六合歸一，這種六合歸一起初是需要用意識來指揮調動的，而後是需要一種條件反射、本能潛在之合，在周身形成一體後，與空氣相爭，與生物相爭，與物體相爭，自身與外界相爭相合。也就是說我所追求的一枝動百枝搖，一動無不動（但是這樣只能真正達到初級的一動無不動。）這一步臟腑渾圓是最基礎的，也是最重要的，萬不可忽視。

第二層次經絡渾圓，最好是在第一層次修練有一定基礎後，方可習練。第二層次也是由淺入深進行訓練的。在此需要指出經絡渾圓決不是用意念導引經絡的走向，如果單一作為養生鍛鍊來講是可以的，在技擊中根本不會存在用意識導引的機會，有人說：「意到氣到。」這種說法是對的，這種「意」不是導引的意。俗話說：「執氣者滯。」所說的「意」實際就是起落開合之意，並非是導引之意。經絡渾圓是通過無意識的神經末梢帶動臟腑之氣，是一種條件反射。自然形成的自然之法，疏通經脈，強化各個經脈，使臟腑器官氣血進一步的進化和提煉。這一個層次及勁力之強大，滲透力之強要比臟腑渾圓更進一步。

　　第三個層次丹道渾圓。丹道渾圓必須以靜坐為根基才能修練。它是在以臟腑與經絡兩個層次的基礎上進行訓練的。實際在過去佛、道都有此說法，佛家叫做舍利，道家叫做金丹。每一個層次都有一定的訓練方法，否則會容易產生弊端，此階段內力雄厚，全身透空，浸透力極強，往往傷人於無形，但能達到此境界者鳳毛麟角。達到此境界的前輩後天返先天，恢復了先天本能，在人體素質上猶如脫胎換骨，煥然一新。

　　此章筆者初步介紹了太極拳體系中的養生理論和訓練階梯，具體操作涉及的較少，俗話說人命關天，具體涉及到的調節方法必須根據人的實際情況來作調整，如果給出一個定式，這是非常不負責任的，為吾所不取。

　　養生的理論和操作方法，筆者將來會寫專著詳加論述，因為涉及到的知識和方法太多，所以在此不能盡言，望讀者見諒。

第  章

太極拳體系修練
的重要概念

　　本章論述的一些概念對於太極拳體系的理解是至關重要的，這些基本的思想融會在太極拳體系的各部分訓練中。勁法是太極拳訓練的關鍵所在，其中關於勁力的名稱各異，讀者常常容易混淆，其實不同的名稱說明的是問題的不同方面，比如纏絲抽絲描述的是勁力的運行根本原則，八個勁說的是太極拳勁力之體，其他的勁力有的描述太極拳的運用如冷彈滑空，有的名稱描述動作的訓練特徵如彈抖，折疊。希望讀者能夠做到涇渭分明，不產生混淆，充分明確所談到的勁力是屬於哪一類。

第一節　拿住丹田練內功，
　　　　哼哈二氣妙無窮

——關於氣沉丹田和氣轉丹田、丹田功的正確認識

一、氣沉丹田的理性認識

　　以氣沉丹田而論，氣往下沉固然可使重心穩定，若

只注重於氣沉丹田也會造成肢體運動遲緩，「一陰一陽謂之道也」，所以，行拳時應注意丹田內轉與氣沉丹田的相互配合。就氣沉丹田而言，在不同情況下有不同的要求，首先要搞清楚什麼是「氣沉丹田」，「氣沉」並不是用意識使氣下沉，這種下沉雖對穩定中心有幫助，但在運動中相應的就會遲緩，前賢云：「沉者滯，浮者飄」。「氣沉丹田」可以比喻潛艇潛在水中，外不露形，而不是沉入海底。根據需要既可以沉入海底，又可以沉於水中，內功經有云：「氣入於丹田，如龍蜇虎伏。」就太極拳而言，要求丹田內轉與氣沉丹田相互配合，如果沉到底，它又如何能轉呢？

簡單地說如同懸浮在水中的球，既能夠靈活旋轉，又不浮出水面。所以要求丹田氣自然下沉於丹田，而不是用意識去壓制，使氣在丹田可以自由的運轉，有它一定的活動空間，從而帶動周身氣血的運行，根據需要走、化、旋、轉，重心下沉來隨時調節氣血的運行。輪船到了港口需要把沉重的鐵錨沉入海底來穩定輪船的平衡，開船時還需拔錨起航，決不可一沉到底。

太極拳在實戰當中，往往都是一種突發性的，沒有拔錨起航的時間，都是一觸即發的時刻，正如軍人只有臨戰狀態和戰爭狀態，作為一個拳家從訓練之初就應當從實戰的角度出發。如太極拳論所言，太極者，無極而生，陰陽之母也。太極從傳統文化的角度來說，指的就是這種將分未分，臨界待命的狀態。

太極拳的技擊與養生，都是跟丹田有直接的關係。

丹田可以說是人體元氣聚之府，氣力相合之一端，其中暗含陰陽之變化。

氣力本就分陰陽，太極拳要求「九曲連珠，節節貫通，無微不至，氣貫周身。」身體任何一處無不分陰陽，無處不包含著氣力相合，無處不包含著氣力的變化，由於氣的根源在於丹田，所以古人形象的比喻全身無處不丹田，全身無處不太極。

二、丹田功是傳統太極拳核心功法之一

形意前輩劉殿琛在形意拳術訣微中寫到：「丹田者，陽元之本，氣力之府也。欲精技藝必健丹田，欲健丹田尤必先練技藝，二者故互為因果者也。吾道皆知丹田為要矣，顧先師有口授而少書傳，後之學者究難明其所以然，謹將受之吾師與廿年所體驗者略述之。所謂欲精技藝必先健丹田者，蓋以丹田虧則氣不充，氣不充則力不足……何謂欲健丹田必先練技藝。釋之如下：或曰丹田受之先天，人所固有，自足於內，無待於外，但能善自保養，足矣，何待於練？竊謂不然。凡人不溺於色欲，不喪腎精，保養有方，則元氣自充，如是者尤可延年益壽，然究不能將丹田之氣力發之為絕技也。欲發之為絕技必自練始，練之之法一在於聚，一在於運。聚者即八要中所謂舌頂、齒扣、穀道提、三心並諸法也，又必先去其隔膜，如心肝脾肺腎之五關層層透過，一無阻攔，八要之中所謂『五行要順』也。行之既久而後氣可全會於丹田。然聚之而不善運，亦未能發為絕技，必將

會於丹田之氣力由背骨往上迴住於胸間，充於腹，盈於臟，凝於兩肋，沖於腦頂，更兼素日所練之身體異常廉幹，手足異常活動，應敵之來而架勢即變，應架勢之變而氣力隨之即到，倏忽之間千變萬化，有非語所形容者，此所謂善運用也。」

由此可見傳統拳術修練對丹田的重視，對丹田之氣力的養練用成為拳學體系中的一個重要內容。

丹田（下丹田）位於臍內 1.5 寸，與命門穴相對。（有些門派認為丹田在臍下 1.5 寸或小腹之處，或另有所見，在此不辯。）丹田為先天元氣之舍，亦為周身氣聚之所。只有丹田與命門之氣貫通，充盈帶脈，方能更好地使周身上下氣血流通，使內勁收發於丹田。拳譜有云：「拿住丹田練內功，哼哈二氣妙無窮。」歷代宗師留下若干精妙的論述丹田的文章，在此筆者就不贅述了。太極拳體系的丹田功包含有：丹田內轉法，以聲助氣聚丹法和丹田鼓蕩法等。

（一）丹田內轉法

丹田內轉是丹田功法的基礎，太極拳強調丹田內轉。有些太極流派強調氣沉丹田，而不知內在實質為丹田內轉。丹田如發動機，而丹田內轉猶如啟動發動機。有人以為氣沉丹田只是一個重心下移，增加穩定平衡，或是達到上虛下實的方法，這就未免太小看丹田的作用了。丹田內轉為一切內勁之源，更為纏絲勁之總關竅之一。丹田內轉是以丹田為樞紐，與腰同步旋轉，並以此

為軸，帶動周身氣血運行於四肢百骸，貫通五臟六腑，形成周身整體的旋轉運動，這是訓練整體渾圓力的捷徑之一，可使丹田渾厚內氣圓轉自如。

丹田內轉是以人體中脈（丹田與命門之間）為中心，做平圓、立圓、縱圓旋轉，順逆時針方向練習。透過丹田內轉的練習，在盤架時方能做到氣沉丹田與氣轉丹田相互配合。拳家有云：「纏化轉換，開合呼吸，擊打跌拿，均在丹田轉換一瞬間。」根據歷代太極拳師的經驗和本人練拳體驗，丹田功對於太極拳修練起著舉足輕重的作用。

太極拳是要求一種圓的運動，周身要求一種螺旋纏絲，節節貫通，其內在的要求也是如此。氣海為人體氣機之所在，作為人體氣機的根源，它的轉動是可以帶動周身的氣機形成一體，如水中的旋渦，旋轉的力量是非常巨大的。人如果掉入這個旋渦是很難從中掙扎出來的，太極拳運動不是停留在人的肢體上，而是內外同頻的，產生巨大螺旋力的效果。

由這種螺旋力才能把對方來力化於無形，也就是由這種螺旋力，使人體的氣機在人體的周身無處不在，如同功夫高深的人可以傷人於極小的動作。因此，只有有效的調動人體的氣機的根源才能做到氣力相合。所以，太極拳要求氣沉丹田與氣轉丹田相互配合，決不是孤立的。

萇乃周先生在氣力淵源論這樣寫到：氣無形屬陽而化於神，血有質屬陰而化於精，神虛故靈明不測變化無

窮，精實故充塞凝聚堅硬莫敵，神必藉精，精必附神，精神合一，氣力乃成。夫乃知氣力者，即精神能勝物質之謂也，無精神則無氣力矣。武備知此，惟務聚精會神以壯氣力，但不知精何以聚，神何以會，是以殫畢生心力而漫無適從也。夫精以神聚，神以氣會，欲求精聚神會，非聚氣不能也。

傳統太極拳講究內實精神之說也，難以想像沒有丹田功夫，那太極拳會是一個什麼樣子，沒有內在的功夫如炮中無硝黃，弩弓無弦箭，滿腔空洞，無物可發。欲求猛勇疾快如海傾山倒，勢不可遏，必不能也。此為傳統古訓，摘錄以供後學參考。

(二)以聲助氣聚丹法

另外訓練太極拳時可以以特定字的發音，用聲波震盪助氣聚丹，增進丹田活力和運轉功能。形意講雷音，大成講試聲，都對聲音的作用有著廣泛的共識。

練功時使用的發音主要以下幾個如：

噎——助氣聚丹田，是丹田氣充盈豐滿，精力充沛。

呀——助丹田伸縮，氣壓（擠）丹田，增進丹田伸縮能力。

哼——含勁，助丹田蓄勁。

哈——發勁，助丹田氣發。

太極拳以聲助氣聚丹法，以哼、哈為主，以噎、呀為輔。哼哈二聲，一蓄一發，交替使用，就是武術上的

所謂「打哼哈勁」。四種發聲，在不同的條件下，對發力和受力雙方均會產生不同效果。

以聲助氣可外開於皮毛，內壯於臟腑，周身之氣可以聚於丹田，同時丹田之氣也可以放於周身。交替訓練可使氣血充盈，勁力雄厚。一些特定的發音會對人體的經絡起到震動的作用，更有利於人體氣血的運行。

但是，發音不是孤立的為發音而發音，必須與人體的運動相互配合的，同時在敵我雙方技擊中，可用於干擾對方的功效。聲音渾厚的話，在突然發音的一瞬間，可以使對方措不及防，有一種受驚的感覺，在對方猛然一愣的情況下擊打對方，更有利於自己的發揮。發聲可透肺腑，低音對於人體的血管有著微弱的震動，接引內外，其作用可謂大矣。

(三)丹田鼓蕩法

丹田鼓蕩法，必須在丹田伸縮開合貫穿於肢體開合的，才能修練。如果只是丹田小範圍的運動，作用是非常有限的，只有帶動周身鼓蕩，才能充分發揮太極拳的威力，如同水中巨浪，吞噬著水面上的物體，也就是說水借風勢，風借浪力相生相依，周身的鼓蕩借助於丹田的鼓蕩動力，丹田鼓蕩借助於周身鼓蕩的威力合為一體，產生強大的威力。

如拳家所說：身如氣囊，節節貫通，無所不在。丹田鼓蕩不是一個局部的運動，需要精神意識、氣血及周身整體的變化相互配合的，是由精神與意識使人體內在

的潛能奮起，充分的調動內在機能。

筆者需要指出的是丹田只是周身鼓蕩的一個重要環節，周身鼓蕩如長江之水，一浪接著一浪，勁法滔滔不絕，脫離了周身的運動配合丹田鼓蕩的作用就無從發揮，讀者不可不察。

第二節　骨架規矩與拳架層次分析

一、骨架結構之論

骨架結構，如同房屋的大樑，它的好壞直接影響拳術的高低，沒有好的刀身，哪來的鋒利。傳統的太極拳自身每一式的拳架結構，都是有很細微要求的，在具備一些根本共性的前提下，然後才是個性的發揮，決不是一些太極拳初學者所說的拳架的大小根據愛好而定，而是大架有大架的要求，小架有小架的準則。

拳架結構的要求體現在形不破體，力不出尖，八面支撐，周身平衡，整體渾圓。

太極拳的規矩是非常細緻的，差之毫釐，謬以千里，這也是多少前輩心血的結晶。以幾何而論，當一個三角支架，在一個平面圓中形成等邊三角形時，它接觸地面三個點應當是最穩定的，所佔據的面積也是最大的，這個三角支架可以吊起千斤重物，如果這三個點過於隨意的話，是任意的三角形，很可能連自身的平衡都把握不了，何談能撐起千斤力。

太極拳的拳架結構也是如此，太極拳是一個圓的運動，把周身上、中、下三盤有效的形成一個整體，但是，無論任何拳法要想真正的有效的激發人體的內在潛能，並能協調地發揮出來，那麼人體的骨骼、間架、精神和意識、運動力學等方面怎麼樣合理的去研究與融合，前人在這方面給我們留下了很多寶貴的經驗。

太極拳法不是一個機械的運動，而是一種理性的運動。在沒有充分的瞭解與研究前人的寶貴經驗，就在太極拳法中隨意的去改變傳統拳法的內在結構，將會使傳統太極拳的精華逐漸的遺失於後人。傳統的東西並非是不可以改變的，但是，應該在掌握的基礎上進行提高，如果在自身就不知內在的拳架結構及內在的潛能，從架子上來改變，那麼就有失於拳法的本意了。古人有云，形正則氣順，形逆則氣悖，實乃經驗之談。

人體的拳架結構是有一定細微要求的，每一式拳架如果能夠充分的體現它內在的結構，它的內在的機能往往才能發揮出最大的功效，產生一種強大的內在效應，這在傳統太極拳中叫做定架。

在太極拳中，正確擺一式拳架只要符合人體骨骼在運動的原理並且與其它的要素相互配合，自然就會產生一種渾厚的勁力，無論上、下、前、後、左、右，它都會自然的產生出渾厚的勁力。道不可須臾離也，我們訓練就是要找出自己最佳機械特性的最佳結構。在這種好的結構下，太極拳要求用意不用力，在形體不特意用力的情況下，按照太極拳合理的要求，人體內自然會產生

一種強大的內力，具有最佳的結構強度和應變能力。拳架的結構是傳統太極拳盤架的重要的要點之一，需有其他的要點相配合才能如虎添翼，發揮出它應有的功效。但是，在這個根本問題上，目前有些初學者訓練太過於隨意，大大的影響了盤架的效果。

同時太極拳拳架結構對太極拳裏面實質的訓練也有至關重要的作用，傳統的陳氏太極拳從陳王庭創立至今，經過歷代的沿傳與完善，得到了充分的體現，深受太極拳愛好者的關注。但從另一方面，由於時代的變遷，今人練拳的目的，生活的方式以及追求的目標與前人有所區別，但也不乏極少數人積極的探索，追求前人的原傳之學。有一些太極拳的傳人致力於傳播與表演，把太極拳的拳架有所改動朝著美觀、舒展、大方等方面發展，並取得了一定的成就。

從另一方面考慮，這種改動是否對傳統太極拳的繼承有利呢？傳統的拳架每一式都具備了攻守兼備，都經歷過幾百年實戰的洗禮，當代的改革能夠體現拳架的結構內涵？是否會使自身的防護能力漏洞皆出呢？在攻防轉換中是否能夠做到攻防合一呢？

從初學或有一定基礎的習練者來講，拳架的結構起不到決定勝負的作用，但起碼要能夠防護自己門戶，否則門戶都開了，漏洞百出，那也只有挨打的份了。至於武學上乘的人，也就無所謂門戶了，很可能打開的門戶就是給對方設的陷阱。

但是從初學者，這個門戶還是需要的，路要一步一

步的走，筆者的觀點並不是說傳統的東西必須是一成不變的，在真正瞭解其內涵的基礎上，去改進和完善，這樣對自己和後人都是一件有意義的事情。

二、拳架高低之辯

太極拳的三盤功夫每一個層次都有針對性的訓練，每一個層次的盤架，作為後學者都應當有所瞭解，都應循序漸進，切不可貪功冒進，給自身的修練留下一定的隱患，目前社會上有一種低架，粗看起來訓練的難度較低，相對來講傳統太極的訓練強度大，也比較辛苦，但並不意味著架子放低練的累就能夠早出功夫，關鍵在於是否切中本質，否則即使再辛苦也是南轅北轍，離題萬里。低架的訓練方法可能有其自己獨特的方式方法，但筆者認為作為初學者來講，練習低架有所不妥。低架的要求非常嚴格，就不說內在的要求，單從形體而言，重心下的很低，勢必給下盤的平衡造成一定的壓力，對於周身的肌體也很難做到放鬆，鬆不下來何談柔，無柔何談太極的剛呢？

作為初學者來講應該循序漸進的練高、中、低三盤架，隨著功夫的進展逐步深入。不是說練低架不好，可以肯定的說訓練低架對太極拳功夫的進展益處多多，筆者也進行過低架的訓練，但是，低架並不適合所有層次的人。起碼對於初學者來講還是不適合的。

需要指出的是，功夫的高低不是在於太極拳架的高低，關鍵是看你低架是在練什麼，能夠體現出來什麼。

如果單一是肢體上的高低之分，筆者認為不練也罷。如果訓練高架，只要能夠體驗出太極拳的內涵，可以再逐步進行中低架的訓練；有些太極拳愛好者認為低架就是把架子放低，實際不然。在低架的基礎上還有相應的針對訓練方法（關於訓練方法我另有詳述）。

據一些長者們講：前輩們的低盤架子與現在流行的低架區別甚大。已故的太極名家蘭仲明老先生講陳氏太極拳第17世傳人陳寶璩練功極為刻苦，他所練的陳氏老架，所有拳式都是鋪地而行，猶如長蛇蜿蜒而過，真是大功夫，陳照丕老先生稱讚他為大智大勇之人。

的確現在的太極拳習練者要想每一式都能達到鋪地而行，已很難做到了，前輩們的功夫是一步一步苦練出來的，作為我等後學，如果刻意模仿鋪地而行，而不關注背後的內涵，勢必邯鄲學步，弄巧成拙。前輩有云：學我者生，像我者死。如果只是模仿前人的動作外形，對其內涵不甚了了，那麼是否失去了過去的本意呢？老一輩的功夫也不是一天就出來的，每一個層次都有針對性的訓練，我們是否可以沿著老一輩所走的路去學習和訓練呢？在功夫沒有練出來之前，能否少一些發明和修改呢？修練的次序改變一下，或者排列組合的方式改變一下，那麼，整體的體系效果可能就大相徑庭。

如果追求表演的拳架來說，自身的功夫沒有達到一定的境界，便體會不到裏面的實質，所以刻意的追求一種形式反而有違前人的意願，又會誤導後學。只有功夫達到了一定的高度，再形成自己的特點也不為遲。

從太極拳的快慢來講，有些太極拳愛好者認為太極拳練時慢，用時自然就快了。筆者認為不然。不練快如何能快起來呢？想像得快和現實是有區別的。

太極拳的快是有針對性的訓練方法的，決不是單一的肌肉、肢體訓練出來的機械力的快與慢；肢體的快是有一定的極限的，它更注重於精神與意念的訓練，這種獨特的訓練可以進一步的提高速度。

另外，講究拳的運行軌跡，也就是說把人體運動的大圈練成小圈，來縮短拳的運行時間，還有等等訓練方法在這裏就不一一敘述了。

三、盤架訓練的幾重境界

就盤架的步驟來講，太極前賢早有明訓：如陳氏第17世傳人陳子明先生在《陳氏世傳太極拳》一書中寫到：練太極拳術之步驟有三層功夫：第一步學時宜慢，慢不宜癡呆；第二步習而後快，快不可錯亂；第三步快後復緩是為柔，柔久剛自在其中，是為剛柔相濟。

從太極拳法整體運動角度上講，主要分三個階段：

1. 以身（腰）帶手（足）。
2. 以手（足）帶周身。
3. 以神帶周身。

在此必須指出的是，帶並不是分節，而是在每個階段都起著樞紐、領帶的作用，在不同的情況下反映出來的修為層次也不同，必須按規矩每一個階段逐步掌握，切不可選擇一種而忽略了其他的層次的訓練方法，這樣

是很不全面的。前人所總結出來的經驗是經過歷代實戰驗證出來的，初學者切莫以點代面。從初期階段而言，腰為周身之主宰，全身動轉之樞紐，以腰為軸，一枝動，百枝隨，一動全身皆動，如軸心不動怎能周身旋轉（指是微動，軸心不可起伏過大，以免失去平衡），失去了周身旋轉，何談虛實變化。從訓練人體的軸心開始，那麼功夫的進步事半功倍。

等第一步功夫有一定基礎後，開始訓練以手足帶周身，也可以說以點帶周身。手足為周身的神經末梢，以神經末梢帶動的周身的變化，使全身關節，節節貫通使其環環相扣，從人體的經絡學上講，手三陰手三陽、足三陰足三陽可以說以聯繫全身的經脈，手太陰肺經，手太陽大腸經，手厥陰經心包經，手太陽小腸經，手少陰心經，手少陽三焦經，足陽明胃經、足太陰脾經，足太陽膀胱經，足少陰腎經，足少陽膽經，足厥陰肝經。

這些手足的經脈貫穿全身，跟拳法的修練有一定的聯繫的，如何能夠調動的十二條正經是太極拳愛好者應該瞭解的。

但需要指出的是技擊與養生在訓練方法和要求是有明顯的區別的，同樣的一種拳架，根據不同的愛好它的內在的訓練方法內在的本質是不同的。在實際運用中雖然身體的任何部位都可能和對方接觸，但手足是以對方最直接的接觸部位，任何的接觸都需要有接觸點，所以也叫以點帶周身。

太極拳的上乘擊法是要求何處沾點何處擊，全身無

處不太極。這個接觸點上的變化是最直接，最快捷的，點一動全身自然相隨。在這個階段決不能由視覺或者點上的反應回饋大腦，再指揮周身。更有甚者還在考慮以腰為主宰，腰不動身不行。如果要是這樣的話，將會失去戰機，將會給對方可乘的機會。所以，透過點要形成條件反射，全身各個部位都要有效的配合。太極拳每個層次都是有所不同的，初學者切記。

至於以神帶周身，這一步要求的是極為高深的，講究無形無象。筆者雖然對此層次略有所得，但理解不深。在這裏就不詳加陳述了，以免誤導後學。

第三節　纏絲勁

一、太極拳的纏絲勁概論

太極纏絲勁是陳氏太極拳的重要勁法。其他流派的太極拳法雖然沒有特別強調螺旋運動中的纏絲勁，但在技擊中同樣含有螺旋勁法。只是陳氏太極拳特別強調螺旋運動中的纏絲勁。可以說，不懂纏絲勁就不是陳氏太極拳。如陳鑫云：「太極拳，纏法也。渾身俱是纏勁，其勁皆發於心，內入骨縫，外達於膚。其運轉方法可分為進纏、退纏、左纏、右纏、上纏、下纏、裏纏、外纏、大小纏等。」對於纏法，初學者沒有必要劃分太細，以上各種纏法無非是出勁、入勁的表現形式。只要出勁、入勁搞懂了，其他纏法便會迎刃而解。

纏絲勁關鍵在於其內涵，怎樣把周身的一個整體螺旋纏出來，怎樣能讓纏絲勁在實際運用中有效的發揮出來，而不是研究什麼叫順纏，什麼叫逆纏；什麼叫正纏，什麼叫反纏。因為名稱是否瞭解意義不大，關鍵是把太極拳這種獨到勁力如何體現出來，纏絲勁的具體運用，用語言文字根本描述不清，惟有在明師指點下親身體認，方能豁然開朗。

拳論中說「行氣如九曲珠，無微不至」。纏絲勁是隱於肢體內的一種勁，修習纏絲勁要內外結合。首先發於內，是起於一心，意念為先。丹田內轉，內氣隨其旋轉運行於肌膚之間，沿骨縫穿筋過骨，全身無處不纏。纏絲勁的根源在內，是內部的丹田內轉與腰部旋轉的有效配合，再與周身八道勁旋轉配合，形成了太極拳的內在旋轉。也就是由意與氣合，氣與形合，形與勁合的內三合提煉出高品質的纏絲勁。纏絲是陳氏太極拳各種勁法的核心，沒有很好地領悟纏絲勁法，其他勁法（如掤、捋、擠、按、採、挒、肘、靠等）都是枉然。

太極拳的運勁一般有兩種情況；其一是「運勁如抽絲」，以意識與形體相配合，要有勁斷意連的感覺，就像抽絲剝繭一樣；勻、圓、穩、健綿綿不斷，這就是陳發科老先生諄諄教導的「練拳要塌住勁」。

另一是「運勁如纏絲」，就是邊纏邊轉。這就和撮麻繩或者纏麻線團一樣，所以又叫「麻花勁」。因為抽絲是旋轉著抽出來的，自然就形成一種螺旋的形狀。所以抽絲裏也有纏絲，纏絲裏也帶抽絲，兩種勁道在運用

時是對立統一的。太極纏絲勁運勁的形象如螺旋，但這種螺旋又必須走弧線，猶如子彈擊發時的運動軌跡。子彈通過槍膛中的來福線後，運動於空間時，既有螺旋形的自身旋轉，又有拋物線形的運動路線。太極拳的纏絲勁就要具有這種形象。

在一般的拳術中，其勁道運用多採取沖擊力，即武術界所謂的「直勁」。這就和用錘子釘釘子一樣。而傳統太極拳的用力方法則多為纏絲勁，就像把螺絲釘旋進物體一樣。沖擊力是「頂」勁，纏絲勁是「旋」勁。這兩種勁力作用在物體上的效果是大相徑庭的。

用沖擊力是大力強壓小力，而由纏絲勁體現出來的螺旋力是以小力化大力，亦為四兩撥千斤之力，可以起到事半功倍的效果。

太極纏絲勁螺旋式的運動方式具有獨特的中國傳統文化特點，為他國所罕見。在養生方面，它能促使全身節節貫穿，並由此進到內外相合的境界。正如陳鑫所言「一往一來運一周，上下氣機不停留，自古太極皆如此，何須身外妄營求。」兩點之間，螺旋線自然長於直線。以人之一臂而論，螺旋線的運轉路線比直線要長好幾倍，因此，在距離相等的條件下，手臂以纏絲勁的方式運動要比直勁的活動量大上幾倍。作纏絲勁運轉時，周身各部都要協調一致，從而鍛鍊了內臟器官。同時，使顯於外的神氣發生鼓蕩，因而強健了大腦皮層。因而這種運動是一個周身全面的鍛鍊，尤其是對人體各個關節，更是可以大大增強其轉動靈活性。

其次，在技擊方面，纏絲勁的作用更是十分明顯的。太極拳強調「知己知彼」的聽勁懂勁功夫。懂勁分兩個方面：一是自己懂勁，即懂得自己動作的勁道，需要從盤架中得到；二為於人懂勁，即懂得對方的來勁，這要從推手中求來。欲求知人，必先知己。欲使盤架的「知己」功夫達到高度純熟境地，則須練得周身一家，內外一體。周身一家的功夫是在內外相合和節節貫穿中練成的，而這兩者亦產生於螺旋式的纏絲動作。如此方可謂「即擒即縱纏絲勁，須於此內會天機。」

修練太極纏絲勁，每一動都暗含有八道勁力的旋轉，合八勁為一勁，「合八為一」即八面螺旋纏絲勁。八面螺旋勁決不是簡單的肢體畫圓，常有習太極拳者將沒有內旋的肢體畫圓誤認為是太極螺旋勁。八面螺旋勁，進而擊人，則如乘風破浪，一往無前；退而引人，則陷敵方於無底深淵。

所謂「四兩撥千斤」，就是在螺旋纏繞中，引化對方勁力，消化對方勁力或改變其勁道。四兩之所以能撥千斤，不是與之對抗，而是運用接觸點的力的轉換來撥動對方之力。八面螺旋力是太極拳拳法核心勁法之一，其他的勁法皆由此演變而成。

二、螺旋勁修練簡論

太極纏絲勁運轉的形式看起來很複雜，但是按其性能可以分為兩種基本的纏絲：

單就手法而言，一種是掌心由內向外翻的順纏絲，

順纏絲內大多體現的是掤勁；

另一種是掌心由外向內翻的逆纏絲，逆纏絲內大多體現的是捋勁。這兩類纏絲存在於太極拳運動的一切過程中，並貫穿始終。因此，在一切動作中亦皆包含著掤捋二勁的相互變化；它們構成了太極拳運動中的基本矛盾，同時又相互轉化於一元之中。

在這兩個基本纏絲之下，纏絲勁因方位不同，變換各異，又分出以下四種形式：即外纏出勁、外纏入勁、裏纏出勁、裏纏入勁。出勁為正纏，入勁為反纏。外纏出勁由根節（肩或胯）向梢節（手指或腳趾）以順纏或外纏的方式向外發勁，外纏入勁由梢節向根節以逆纏或裏纏向裏入勁，裏纏出勁即由根節向梢節以裏纏發勁，裏纏入勁即由梢節向根節以裏纏向裏入勁。

以上四種纏絲勁分別通過手和足上去，就有八條勁路，即手外纏出勁，手外纏入勁，手裏纏出勁，手裏纏入勁，足外纏出勁，足外纏入勁，足裏纏出勁，足裏纏入勁。這就是周身「八道勁」。盤架時左右和上下的方位纏絲合為一個整圈，同時結合裏外，使平面圈變成立體圈，正謂「妙手一招一太極」，這正是陳氏太極螺旋運動所具備的特色。

陳鑫詳細解釋了「纏絲勁」在實戰中的運用，他說：「耍拳纏絲勁作何用？蓋硬與人直接者則人易躲閃，易離去，惟以柔接之，則人易其柔軟而心不懼，心不懼故不躲閃，惟以其柔軟纏絲法接之，未黏住人身則已，如黏住人身，則人不能躲閃；躲則以手跟之，如漆

膠黏硬物，物自不能躲閃，離則以纏法纏繞其肱，如蜘蛛一絲纏蠅，又如已上之螺絲，欲硬拔去不得。故未黏住人之肱則已，如既黏住，則吾已纏絲法撚住其肉，當纏而繞之、沾之、連之、黏住、隨之，令其進不得進，進則前入坑坎；退不得推，退則恐我擊搏，故不敢硬離去。此纏絲勁之在拳中最為緊要妙訣也。」

三、內氣的運行

在太極拳方面把內氣叫做丹田氣，丹田在臍內一寸三分，是人體的中心所在，也是各經脈的彙集之處。內氣起於此處，又歸於此處，當心機一動（即意念產生），丹田內氣一分為五處，一是貫穿上下，通過任督二脈，這是人體的主幹線，叫做子午線，也就是方向線。二脈一通，百脈皆通。

丹田內氣上行，沿任脈上升（根據太極拳的要求是可上行或下行）經膻中穴一分為二至肩髃沿左、右臂纏繞而達到指梢；內氣自丹田下行一分為二，纏繞大腿小腿而過湧泉，抵達腳趾。通過任督二脈的主軸線是沿脈道經絡而行，當內氣向四肢發展時，即轉為螺旋形纏繞，也就是形成了纏絲勁。

此外分入四肢纏繞的八條勁路，其所經過的穴道名稱如下：

1. 手外纏出勁，自丹田出發沿任脈上行，經膻中過肩井轉肩髃下行纏繞大臂，經手三里，再纏繞小臂轉勞宮到指梢。

2.手裏纏入勁，自指梢上行經勞宮，纏繞小臂，經手三里，經繞大臂，過肩髃轉肩井下行入膻中回到丹田。

3.手裏纏入勁，自命門沿督脈上行，過肩井轉肩髃上行，纏繞大臂經手三里纏繞小臂轉勞宮到指梢。

4.手外纏入勁，自指梢上行轉勞宮纏繞小臂經手三里，纏繞大臂過肩髃轉肩井，下行回到命門。

5.足外纏出勁，自丹田出發下行經沖門纏繞大腿，經足三里，纏繞小腿經解谿過湧泉到達足指梢。

6.足裏纏入勁，自足指梢過湧泉經解谿上行纏繞小腿，經足三里纏繞大腿，經沖門回到丹田。

7.足裏纏出勁，自命門出發下行經環跳纏繞大腿，經足三里纏繞小腿，經解谿入湧泉到足指梢。

8.足外纏入勁，自足指梢上行過湧泉、解谿、纏繞小腿經足三里纏繞大腿，經環跳，回到命門。

太極拳的纏絲勁處處從根到梢，從梢歸根交替運轉的，全身擰成一體，內外合一，無論其訓練和應用都是洋洋大觀，堪稱太極拳勁力的核心，決不可作為一種機械力來認識它。

第四節　虛實轉換與開合變化

在盤架中學者還要注意虛實的轉換，太極拳法中虛實無處不在，有動靜就有虛實，無虛實則無變化可言，而無變化則不能稱之為拳。虛實是相互滲透的，也是相

對立的，古論「孤陰不生，獨陽不長」，即有對立也有統一，在一定條件下還可以相互轉化。

在太極拳盤架與推手時，訓練八門五步要讓自身的八條線以中定為根基，要做到瞻前而必顧後，同時也要兼顧上下左右等方面，才能做到立身中正。如果虛實不分，根本談不上八面螺旋力。

陳氏太極17代傳人陳子明早在《陳氏世傳太極拳術》就有所述：「太極拳動靜瞬息之間，無不有虛實。故其練法中之前進後退左旋右轉以舉足為虛，落足為實；向左則左實，向右則右實；前進則後虛，後退則前虛。倘虛實不分，必犯抽腳拔腿之弊。精而求之，則一處自有一處虛實，練時如是對待敵人時，亦復如是，彼虛則我實，彼實則我虛。虛則實之，實則虛之。臨敵乘機切勿拘泥，定法斯為得其要諦。」虛中有實，實中有虛就是這個道理。如果陰陽參半，返回先天，則為無極。

虛實中含輕重浮沉，每種又可分為雙、偏、半三種情況，其中最常見的弊病是雙重和雙浮。有虛無實為雙浮，有實無虛為雙重，半為不及，偏為太過。重和浮為病，沉和輕則不是病。

雙重在訓練當中，兩腳或兩手甚至兩手與兩腳之間的配合是有實而無虛，使其周身較為死板，缺乏轉換之靈性。需要指出的是有些太極拳愛好者認為馬步是雙重的表現，實際不能一概而論，關鍵是看他的馬步當中實腳中有沒有虛實。在訓練當中一定的要辨證的看待問

題。在實際運用當中，對方一拳向我打來，我以力相抗，二力相互接觸，如果這個接觸點上沒有變化，這就稱為雙重，接觸點的變化是非常重要的，如果掌握得當可以是對方的勁力化為烏有。也可以說點上的變化就是虛實的變化，一種力的變化。

太極拳講究含胸、實腹，含胸為一虛，氣沉丹田是一實，這樣能使重心下沉，做到上輕靈下沉穩，陽氣上升，陰氣下降；降必有升，升必有降，十大要論又言到「則氣分為二，而貫於一」，故二者又是協調統一、密不可分的。太極拳從其自身整體而言，人體無處不分虛實，無論上下、前後、內外、小到任何一個關節，甚至每一個點都分虛實，虛中有實，實中有虛。

在盤架時不要刻意地講究在實腳和虛腳中變化，無論虛腳和實腳，其本身就分虛實，無非是在不同的情況下有不同的選擇而已。無論虛腳和實腳，在不同的情況下都有利弊，太極拳根本就沒有絕對的虛實，只有相對的虛實，如果絕對虛實而沒有轉換變化就不是太極拳了。

第五節　意與力之論

關於「用意不用力」雖然在太極拳譜中多有記載，但如果太極拳愛好者不能正確理解太極拳譜，單從字面認識則會誤解前賢本意。世上沒有任何僅用意而不用力的拳法，形體任何微小的變化都必須以力的運用、變化

為基礎，如果沒有力的變化運用，像抬手邁步等最基本的運動也根本無法做到，甚至就連最根本的站立都做不到。因為人要站立於天地之間必須得有支撐點，既然有支撐點就必然有相應的力存在，這是基本的常識。欲理解拳譜必須科學地對待拳譜，不可望文生義，僅憑字面理解妄下結論。

太極拳中「用意不用力」是指不用多餘之力，並非不用力。意念固然是太極拳學修練體系中的重要因素，但也不能以點代面，而忽略了其他要素的重要性，世上根本就不存在不用動手靠意念就可打倒對方的拳法。太極拳盤架及推手中要求以意為先，以意領氣，以氣運身，氣到力到，意動周身皆動。意、氣、力本是密不可分的，從人體角度講，沒有氣也就談不上力。

太極拳要求全身放鬆，但不可能是絕對的鬆，而是相對的放鬆，鬆而不懈。相對來講就是化去拙力（僵力），在運轉中產生一種新力，也就是人們所說的內勁（也即內力）。這種新力是以意念為先導，以氣血鼓蕩為要旨，並與形體運動相結合，並能夠在拳法轉換中合理運用的。形體如大海之水的載體，氣血如大海之水，意念如推動海水的動力，缺一不可！只有充分掌握人體內外運動的基本法則，才能更好地體會太極拳的奧妙所在。

陳氏太極拳名家陳發科云：力與巧應相互配合，力是基礎，巧是拳法，只有以渾圓的內力為保障的前提下，才能在拳腳交錯的技擊中與對方進行攻防轉換，承

接與發放對方。無論何派武術，無力不能稱之為拳，如果只是軟綿綿的行拳與推手，而沒有深厚的內力為依託，必然在實戰中落敗。

在太極拳推手與技擊中運用的勁力是由長期訓練所形成的太極內勁，而非拙力，是在把後天拙力練去之後形成的太極內勁。何為拙力？何為內勁？

舉例說明：一位出色的體育健將可以推舉槓鈴幾十次，其肌肉可謂強健有力，若讓其按標準站樁則可能站不了幾分鐘；一個孔武有力的常人出拳力量可能會達到幾百斤，但在搏擊中很難像太極高手那樣，發出的內勁能達到打外傷內，打胸傷背的目的，更難做到將對手騰空放出幾公尺之外，而又使人絲毫無傷，控縱自如，拙力與內勁的區別由此可見。

在太極拳訓練中為何要用意為先導呢？人的一切運動是由大腦的意識來支配的，為說明意的作用，舉個簡單的例子，練習書法有「力透紙背」之說，亦即運筆時要意想將筆劃透到紙的下面，只有這樣寫出的字才蒼勁有力。據傳當年著名書法家王羲之寫字已達「入木三分」的境界，這就是為什麼他的字神韻獨具，成為價值連城的墨寶的原因。

推手是直接服務於實戰的，在推手訓練中，只有將實戰技擊所需要的各種素養有機結合起來，才能更有效的服務於技擊。意念活動不是一成不變的，從初級到高級每一層次都各有特點，如武式、孫式太極拳對意念的要求：初期如身在水中兩足踏地，動作如有水之阻力，

第二層則如身在水中，兩足浮起，如泅者浮游水中，能自如運動。第三層則身體輕靈，兩足如在水面上行走，臨淵履冰，神氣內斂，不敢有絲毫散亂，則此拳成矣。據筆者所知，在每個環節都有某個相對的意念活動，太極拳各派在拳法訓練當中都有自己的一套訓練模式，意念在太極拳中較為重要，精神意念固然重要，它是大腦中形成的意識概念，使神經系統發生了作用，這種微妙的作用可使拳法更上一個層次，但如果精神意識不能把握一個度的話，使大腦和神經系統產生壓力，增加負擔，會給心腦血管系統造成極大的隱患，這就是人們所說的意念過重，精神意識一定要適度，切不可為追求短期效果給自己的身體埋下隱患。

萬念由心中所想，心腦血管系統產生負面影響的事例的確不少了，因此後學者一定要把握度。意只是修練的過程，而不是宗旨。真正步入拳學上乘境界後，是從有形有意到無形無象，先天本能替代了後天意念，這才是太極拳法的宗旨。

第**5**章
太極拳技擊基本素養及訓練階段

第一節　太極拳技擊所需要的各種素養

太極拳的技擊風格是獨具特色的，這也就需要各種基本素質的輔助，借助於這些獨到的基本素養才能夠發揮出太極拳的技擊特色來。

太極拳技擊的主要素養：

一、舒筋開骨

舒筋功是太極拳法中一個重要的基礎，無論太極、形意、八卦，對筋、骨、髓、肌肉、皮毛等全方位的訓練，都極為重視。就太極拳而言，在盤架中，也能達到舒筋開骨的目的，但一般的習練者是很難由盤架這種訓練方式達到目的，所以，前賢們去粗取精，匯成舒筋功傳於後人，這樣更利於初學者的掌握和強化舒筋開骨。

對筋骨的訓練主要是開筋、潤筋、養筋。人體之筋如同橡皮條，長期伸拉會使其老化失去彈性，正確的練法應是在其拉開後，適時給它補充養分，更好的增加周身彈性，延緩其自然老化。

具體練習主要通過兩種途徑：一種在行功中練，以人體神經末梢帶動周身，身固於內，意放於外；來拉動、牽引全身軀幹至手指、腳趾末端的大小筋脈；另一種是運用周身氣血鼓蕩伸縮的轉換，使全身的筋膨起。

開筋只是太極拳學的基本功修練，可由多種練習方法獲得，根本談不上什麼上乘之學。開筋開骨始終是傳統太極拳學功力修練的必修課，不僅能調節氣血、改善人體機能，更為日後進階打下基礎。

開筋之訓練，大至周身，小至關節、末梢，只有筋開才能強。開筋只是基本功，單純開筋是不能達到易髓境界的，還須開骨，先輩所講「骨開生靈」即指此，這涉及到開骨、潤骨、透骨的過程，待最終將精氣合一後才能進行易髓的訓練。從傳統拳學的角度來講，力起於骨，連於筋，骨能起弓背的定位作用，筋能起弓弦的伸縮作用；二者缺一不可。舒筋功全套功法只有十八個動作，從氣的起落、鼓蕩開合、舒筋拔骨，每一式都有針對性的訓練，可使周身勁力渾厚，勁力倍增。

先輩們對這套功法極為重視，因此它在社會上流行的較少，只是在部分傳人中延傳。傳統太極拳基本功是具有針對性的訓練和配套性的訓練，如：太極大杆、太極欄板、太極棒、太極拳的行功、太極拳的靜功等方法

很多。

各種基本功是根據每個人不同的情況、不同的訓練目的而有針對性的訓練，但需要明確說明的是各項基本功達到一定要求後，其效力都應體現於太極拳每一式中，也就是說透過功法提煉的素養最終必須化於拳架動作中，最終實現拳功一體，不能分家。各種基本功如何化入拳中，需要根據修練者自身層次的實際情況，由名師指點，方能達到練有所用，體用一家。

古人有云，山重水複疑無路，柳暗花明又一村。經由功法強化提煉所需要的素質，最終還於拳架中，採用這種曲徑通幽的方式，可以使得初學者更容易上手掌握，利於進步。

二、承接走化之功

太極拳是中華傳統武術較有特色的拳種之一，既然是傳統武術就離不開技擊，否則就稱為舞術或養生拳法。太極拳是養生與技擊相互結合的功法，凡喜好太極拳技擊的人一定認識到，在技擊中磕一下碰一下都是很正常的事。技擊不同與健身推手，它們完全是兩個不同的層次，不能同日而語，推手是基礎，技擊是昇華。推手中的借力打力和技擊的借力打力是有區別的。只有在推手中掌握了技巧，再經過一些必要的訓練方式過度到技擊，這些必要的方式是需要多種訓練的素養。

在各種基本功素養中：首先，就要有承接引走化之功是非常必要的，因為推手是雙方手臂相搭必然會產生

接觸點，可以由接觸點知道對方之所為，在這個過程中應該說就有足夠的走化發放的時間或者過程，相比之下較為容易；再者，推手時速度比較慢，更容易瞭解對方，就是在高速度高頻率的推手中也會相應的容易，因為它有了一個先知的條件，接住手之後的變化，跟技擊的變化是有一定的區別的。

推手訓練的就是讓彼此都有一個反應的時間和相互餵勁，這與實戰的破壞性是有根本區別的。

在技擊中，雙方都在運動中尋找對方的破綻，你並不知道對方怎麼打你，打你什麼位置，他是如何變化的，主要靠的就是平時訓練時的潛在的意識，本能的反應，和臨場的經驗，判斷對方來做出相應的調整（關於自然的本能反應後文另有詳述）。往往對方的打擊點也就是第一個接觸點，所說的隨勢打勢見勢打勢那是需要有一個時間和過程的，在對方快速打擊的前提下，如果不是訓練有素未必就能反應的過來，劍經有云，知拍任君鬥，但這需要長時間的訓練才能夠達到良好的知拍能力。很有可能第一個接觸點就是對方的打擊點，如果沒有一定的承接能力的話，就很有可能被對方所傷。

我見過一位太極拳大師推手中所講、所做的都還有章有法，但在技擊中完全就是兩回事了，許多動作反應不過來。他認為推手就是技擊的放慢，實際不然，沒有經過實戰檢驗的人是很難明白技擊和平時講拳的技擊之間的實質區別在哪裏，如果具備承接走化之功就不會被對方所重創。

　　再者，平時在訓練技擊中被打一下摔一下都是很正常的事情，如果不具備基本的承接走化之功就很容易受傷，這就導致下面的訓練無法進行下去，不利於技擊習慣的養成。本身技擊訓練需要一段時間的持續不間斷培養，因為受傷導致訓練中斷，重新開始訓練的時候往往前面獲得的反應能力等都需要重新訓練，俗話說一鼓作氣，再鼓而衰，三鼓而竭，幾次反覆往往會導致大量時間和人力的浪費。

　　自然是技擊不可能就沒有擊打，有擊打就會有被打很簡單的道理，如果雙方都沒有被打的那麼就很容易被懷疑這個技擊是人為表演的武術，或者另一種解釋這兩位都是太極拳的頂級高手了。打人與被打關鍵看兩個人的層次高低，起碼筆者至今尚未見到在快速的運動當中可以用身體任何部位，把對方的來力引化於無形的。

　　筆者在多年來拜師訪友中所看到有的名師在推手中在一定的條件下可以引化對方來力於無形，在技擊中他們的承接能力卻是十分有限的，身體任何部位都可以在快速擊打中化於無形者，我尚未見到。

　　承接來力也是技擊訓練的必備條件，太極拳高層次講究「何處沾點何處擊」，那麼，這個點的訓練作為技擊者來講承接的來力就顯得至關重要了，可以從輕到重，從慢到快，通過這個接觸點來達到瞬間的變化。要訓練必須日積月累，如果沒有對方擊打的訓練，你如何能體會到接觸的一瞬間去如何變化呢？實踐中和理論是有區別的，沒有吃過鹹鹽的人，他很難理解鹽有多鹹，

用文字是很難理解的，再高深的理論他只有在實踐得以
檢驗。喜歡太極拳技擊的愛好者最好從實踐當中來檢驗
自己的所學。

談到承接功夫，很多人都想當然的認為是硬氣功，
更擺出前輩的話，切莫學拍打，但需要指出的是太極拳
的承接的來力，並不是任人擊打的，也不同於少林的硬
氣功。承接走化裏面有很多方式方法，如果沒有明師指
點不要盲目習練以免造成自傷，因為從練至用都有一套
完整的體系。

在武術界有這樣的說法：要想打人，必先學挨打。
這就使一些太極拳愛好者產生了一定的疑問，在我所接
觸的一些太極拳愛好者這樣問我，「太極拳不是進落空
借力打力嗎？為何要練承接之功，認人擊打？」實際這
是一個原則性的理解錯誤，世界上沒有一種上乘拳法他
的創始之初宗旨是任人擊打的，首先需要明白的一點，
具備了承接的能力是人體的第二道防線，具備了這個能
力而不是讓人擊打的，而且這個能力是平時我們盤架行
功等其他方面訓練而產生的一種綜合能力。

承接能力是相對的不是絕對的。世上沒有絕對的
矛；也沒有絕對的盾。有了這種能力可以減少對方打擊
的力度，消化對方的殺傷力，但這與硬氣功的拍打功是
有本質的區別的。如果具備了承接能力，在擊打中可以
運用鼓蕩消化對方的來力同時打擊對方，用折疊轉換來
化解對方的來力，並破壞對方的重心，也可以用挫法傷
害對方關節等等。

有個別的太極拳愛好者由於師承和每個人的體悟不同，可能各有偏重或者沒接觸過這方面的傳授，要嘛沒受到過這方面的訓練，單憑自己的想像就妄下結論，認為太極拳中沒有這方面的內容，僅憑個人主觀之見否定了太極拳有承接走化的訓練。對於這個要素有些太極拳愛好者忽略了這個問題，因為承接走化之功不是單一的抗打，實際牽扯到很多因素綜合的體現。

有人講：太極纏化功夫好的話，對方是打不到身上的，這種說法本身是沒有錯的，但關鍵看你的對手是誰，不同的對手會有不同的結果。話又說回來了，我們平時訓練中就具有這種能力，為什麼不好好利用它呢。我給大家舉個例子：數十年前，陳吳一場公開的比武，切不論比武的勝負和場上的發揮，兩位前輩如果不具備承接和抗打的能力可能早就被對方打下去了，因為雙方具備了這個能力挨上重拳並沒有造成很大的殺傷力。

三、腳下實點到虛點

大多太極拳愛好者在傳授或練習太極拳時，喜歡在地面較為平坦的地方練習，這樣有利於更好的發揮太極拳的水準，或者穿上較為寬鬆的衣服、比較跟腳的鞋子，筆者也是一直這樣認為的。但是在十幾年前偶然一次室外的訓練使我刻骨銘心至今難以忘懷，從此我也改變了這種觀念。

那次在室外請教恩師推手，天色突變，天空好像就要下雨似的，我勸師傅回去避避雨，師傅說：「避雨先

不忙，你先把身上的汗水擦乾，因為練功時全身的汗毛孔全部打開了，被風雨侵襲的話很容易落病。」一會雨下來了，師傅說：「你平時缺這一課現在給你補上。」我當時很納悶練功與下雨又有什麼關係呢？而且在風雨天氣時練太極拳也是比較忌諱的，當時沒敢多問，老師叫怎麼練就怎麼練吧。那天雨還下的特別大，雨點打的眼睛都有點睜不開了，場地也變得濕滑泥濘，也記不清摔了多少跟頭，想發力也僅是一些局部的力量，腳蹬地由於地面太滑力量從腳下根本傳不上來，平時所訓練的力源於足在這種環境下發揮不出來了，而且步法的移動換位在泥濘濕滑的地面上也快不起來了，在運動中也不穩了，在這種條件下身體局部的一些笨拙僵硬就明顯的體現出來了。

那天師傅也是根據我出現的情況用勁的方法和變化與平時不同，始終叫我摸不住勁，無力可借，並且始終牽扯我的重心，但是我卻發現，風雨天氣對師傅的影響不大，雖然有點影響但還能正常的發揮。我當時問師傅：「為什麼對您的影響不大？」師傅說：「傳統武術首先是立足於實戰和養生，它不同與現在的武術擂臺有那麼好的環境，歹徒不可能都在青天白日中作案，有時也會在暴風驟雨中作案，所以要適應各種環境，在泥濘的場地中和平時所用勁略不同，稍加變化就可以逐步地適應這種條件了。」

後來，我逐漸的明白了這個道理，那天讓我印象最深的是訓練拳法的節奏跟平時的想像是有區別的，雖然

雨點打的眼睛很難辨別的清楚，但也能夠隨著模糊的視線，隨著雨點的節奏去體認。前賢們所說：拳法如暴風驟雨，一浪接一浪。由於本人的水準有限很難完全跟著雨點的節奏，但從中體會到拳法的另一番風味。當時我基本成了一個泥人，內心的感慨甚多，此次的練習對於我在訓練太極拳時，對心態與拳法的節奏轉換有了一種更新的認識。

在此，也僅是介紹一下我對拳法鍛鍊之外的一種認識，希望太極拳愛好者不要模仿，因為，具體的訓練的內容是根據每個人的具體情況和外部的具體情況採取不同訓練方式，切記在雷雨天氣不可訓練，危險！此種訓練方法不宜多練，並應當及時採取措施避免風寒。

就以上風雨天氣的訓練，是否能給我們另一層面上的聯想呢。如果在高低不平的路段上行拳的話，您平時所訓練的拳法在步法的轉化和重心的移動是否會受到影響，是否有需要根據情況增加某種訓練方式，來適應高低不平的路段的外部因素所造成的不便。實際在平時的訓練方法上稍加變化，就可適應高低不平的外在因素了。在冰天雪地中的行拳跟在冰上的行拳感覺是不一樣的，他的重心用勁的方式方法和平時行拳都有一定出入的。只有在不同的環境下採取相應的方法來適應外在的環境，千萬不要為拳而練拳。

據我所知，前輩真有在冰上行拳的，我也在老師的指導下，在這方面進行過訓練，拳譜中說的如履薄冰，另有一番體會，不過具體的方式方法要因人因勢而定，

決不可蠻練，以免受傷。

　　由於現實生活環境必須要西裝革履的，對於拳法的風格應該適應衣著給身形帶來得不便，筆者的觀點是人要去適應外部的一些客觀條件，因為外部的客觀條件很難去適應某個人，在平時行拳、推手、實戰中，我一般不換衣服，穿皮鞋、拖鞋都可以養成一定的習慣。由這個事例，可以引導我們更深的思索，水泥地，濕滑地，山地，丘陵，冰面這些不同的地形下面都有什麼特殊的要求呢？或者從另外一個角度來看，平底鞋、高跟鞋這些情況下又如何體現太極的功夫呢？

　　太極拳腳下的功夫前文已經提過，第一重境界為落地生根，但在濕滑的地方比如冰面上如何生根呢，一踩人就倒，因此後面的第二第三重境界的修為又是必不可少的，希望讀者能夠靜心體會這個問題。

第二節　小議太極拳之拿

　　太極拳在傳播中，教法各有所長，據筆者所習練的太極拳技擊重點是踢、打、摔、拿，現在一些名家在講解太極拳技擊的時候，特別注重於擒拿，拿法固然很容易吸引人，又比較安全，但在技擊中，真正想拿住對方是很難的。

　　俗話說：好拿家不如亂打家。講拳和用拳是有一定區別的。我不是說擒拿無用，擒拿有一定的局限性，在近身的時候可以使用擒拿，而且需要纏住對方的前提下

使用的，如果纏不住或拿不住對方，很難使用擒拿。傳統的技術多樣性本身就是適應不同的狀況下的，如果只局限在擒拿上，那麼太極拳不就變成擒拿術了嗎？

在技擊中踢、打相應的更直接一些，速度更快，所以我覺得太極拳愛好者學習時應該是較為全面的學習，這樣更有利於發揮太極拳的使用效果。如果在教太極拳或學太極技擊時，從定式上講解，學生就很難真正的領悟在技擊中的快節奏、接觸點的變化，本能的反應、勁力的轉換等等，這些都在瞬間就要完成的。這個火候如果老師能夠親自餵勁和帶學生，要比定式講解效果好得多。如果是在程式化的推手中或在講拳中拿法是比較奏效的，在實際運用當中往往兩手不接觸不招不架就擊中對方了，如果在對方擊中的一瞬間想拿住對方是非常不容易的，除非是層次特別高的高手，而且雙方的水準還要有一定的距離。因為拿首先要要具備有接觸點的前提下，在這樣的條件下對方的力點和重心自然就知道了。從理論上來講拿法是可以的，從實際運用當中筆者尚未見到一人在瞬間拿住對方。

筆者近20年到處所拜訪的武學名家的確不少，有人說拿，就是要拿其根，並非是拿其梢。如果真有此高人，筆者真有心去拜訪高賢。因為對方的速度非常快，一秒中可出拳七、八次左右，想拿住對方使對方欲進不可，欲退不能，一般人是不可能做到的。傳說與現實是有一定的區別的，有人說有太極拳練到高深的境界，全身都是手，有手即能拿。很簡單的鑒別標準，你很快速

地向他面部擊上一拳看他是否能拿住你的手。

　　以上所論，筆者並非與人抬槓，實事求是地說，拿法教學方便，一比劃學生容易理解，但打法只有經過老師帶才能夠逐漸打出那種味道來，訓練的難度大大地加大，但不能因為難操作我們就省略了這一部分，學之，則難者亦易矣，不學，則易者亦難矣。

第三節　太極拳技擊訓練的三重樓臺

一、招熟階段訓練

　　首先要訓練太極拳的基本用法在技擊中的綜合體現，也就是先把一招一式拆開了練起。武術招式並非完全無用，全在應用者的技術水準。初學時，把一些固定的打法拆開了並加以變化，把平時所練的東西在兩個人實際運用中去驗證、發揮，以便培養一些基本的素質。道家云：「一生二，二生三，……」，九層之台，起於累土，點滴的積累是成功的基石。

　　技擊能力的訓練也是一個從無到有的過程，前期的磨練必不可少。拆招訓練應在保持太極拳的基本要求和基本特點的前提下進行，確保盤架、推手、接手等各種練習與技擊不要脫節，因為每一個環節對以後的修練都有至關重要的作用。在沒有真正瞭解每一步內涵的前提下，不要妄加改動。太極拳至今已經過無數前賢高人的驗證，總結出來的寶貴經驗都是有一定的效用的。在學

規矩這個階段必須要踏踏實實地深入研究、體認，才能真正認識太極拳。在遵循前人系統訓練的前提下，還有多種針對性和綜合性的訓練方法。自我訓練與實際運用尚有一段距離，如何把這個距離有效的連接到一起，前賢總結出了一套體系：在此僅選其中幾種方式的訓練方法，簡要的介紹一下，供初學者參考。

(一)技擊時的心理素質訓練

首先要訓練技擊時的心理素質，這種心理素質對以後深層次的訓練有至關重要的作用，它直接影響技擊水準的發揮。對於實戰，先賢有「對面如嬰兒」的比喻，也就是指自己對戰的心態。無論對手功夫有多高，名氣有多大，自身都應保持平和的心態；不可還未交手心先虛，在交手中畏首畏尾、縮手縮腳，使外在的因素影響自己技擊水準及本能的發揮。

實戰中講究見勢走勢、隨機應變，技擊時，雙方時刻處於變化中，交手前預先想好的打法，都很難用得上，因為對方不會按照固定的模式打，如果在技擊前就有了心理壓力，會使自己身心高度緊張，從而使身體變的僵硬，根基不穩，也就限制了自己對各種技法的運用。當外力作用於自己的重心時，你就很難保持平衡，最終只能受制於人。毛澤東說過：「在戰略上藐視敵人，在戰術上重視敵人。」這種心態在武術上也是非常有用的。

(二)身體素質訓練

這種訓練是技擊中自我保護和自我發揮的有效保障之一，它也來源於平時的訓練，但還需要針對性的訓練來強化，主要分兩部分：

1.體力

只有具備好的體力才能在高水準的技擊當中遊刃有餘，如果沒有良好的體能保障，在技擊中上氣不接下氣，那只有挨打的份。所以，太極拳的初學者也應該在體力上有一些針對性的訓練，這種針對性的訓練古傳有之，只是當今有些人給忽略掉了。往往一些太極拳愛好者為了參加比賽進行一些機械性的訓練，如：舉重、跑步、負重練習、來提高自身的體力。有些拳家在傳授時以太極大竿、太極球、太極欄板、太極棒等方面提高體力。這些針對性的訓練在某些方面是有益處的，但筆者不贊同如舉重這方面的肌肉訓練。

筆者認為有必要針對於不同的人採取針對性的訓練，不能說一百個人都採用一種模式，本身每個人的肌肉群發育狀況都是不同的，因此，要針對性的訓練那些薄弱環節，才能事半功倍。

筆者認為體力是需要在實際運用當中充分的體現的。主要分兩大步驟：

第一步：練用合一，可以手、眼、身、法、步的綜合訓練來訓練體力。在太極拳的訓練體系中，有一整套體力動態針對訓練，把武術中的攻防轉換手、眼、身、

法、步、精、氣、意、力、神融合到一起，針對其的系統訓練。這套訓練方式對體力要求非常高，一般是分步驟的，一個層次接一個層次的提高。筆者做過這方面的嘗試，就是一個足球運動員練不到十分種也得趴到地下。實際傳統的體力訓練強度是非常大的，足以在技擊中充分的發揮，一方面練為所用，另外一方面也達到了提高體力的目的，綜合算起來效率是非常高的。

第二步是合理的運用體力，在技擊中如何保持體力，消耗對方是非常重要的，而不是兩個人拼體力，人來我走，人去我進，虛虛實實。體力訓練古今都很重視，有些沒有經過實戰的大師描述前輩的功夫一二三勝負已判，瞬間就結束戰鬥了。臺上一分鐘，台下十年功，臨場的瀟灑不知場下出了多少汗水，水準相差的比較遠的，是可以在短時間內結束戰鬥，大人打小孩也可以這樣的，也可以一二三，但水準相當的他們的勝負就很難說了，越是水準相當的越需要體力相互襯托。平時大家都看過職業拳王爭霸賽，每次十幾個回合的較量，往往打到最後才能夠分出勝負，那種巔峰對決要沒有強大的體力基礎是不可能的。

2.體能

也就是自身能量的有效發揮，這是平時訓練站樁、盤架、推手、接手及各種基本功綜合的體現，體能具體體現為承接、引化、發放，目前在有關太極拳的書籍中很少有談論太極拳的承接之功，就太極拳本身而言，太極拳承接功夫大致分為三個層次：

（1）由周身氣血鼓蕩，肢體鬆緊轉換以承接對方的勁力；

（2）由折疊轉換，引進落空，使來力在接觸的瞬間被化掉，使其不能作用於自身；

（3）太極拳最上乘之法──何處沾點何處擊，周身無處不彈簧。即在對方擊打自己身體某個部位的同時，藉由接觸部位將對方反彈出去。

本書將主要探討承接第一層的問題，即抗擊打的問題。在實戰搏擊中，抗擊打能力的強弱起著至關重要的作用。強者承接對手重擊可能無關痛癢（不包括面部），而弱者遭受一次重擊可能就會喪失戰鬥力，甚至重傷致殘。在高速度攻防轉換中，雙方的目的都是擊倒對方，雙方水準相近或對方實力遠高於自己時，想完全不受對方打擊幾乎是不可能的，除非終日盤架而不涉及實戰。所以說，對於追求太極拳法真諦的習武者來說，如何訓練太極拳承接之功是一個亟待解決的問題。

從武學角度上講，可將勁力劃分為兩大類別：一種為承接之勁，另一種是打擊之力，只有兩種勁力練到相當程度，做到接打合一，方可步入太極拳上乘境界。（關於發力另有專著）

(三)速 度

速度在技擊中也是至關重要的，太極拳講究先慢後快，再快慢相兼，是分三部分完成的。有人說練時慢用時快，試問：人沒有練過快怎麼能快起來，人不會走又

怎麼會跑呢？何況前賢們早有遺訓，技擊是在一種高速度、高密度、多變化的過程中進行的。如果沒有受過高速度的訓練，在技擊時就很難適應對方快速凌厲的進攻。太極拳的快不是在單一的肢體和肌肉方面，單純的肢體快是有一定極限的，更應注重「意快」，古譜常言，心似火藥拳似彈，靈機一動鳥難飛，由獨特的意識訓練可以作為提高啟動速度和變化速度。

另外，要學會縮短拳的運行軌跡，因為在同樣速度的前提下，運行線路越短，打擊對方越快，這種行拳的運行軌跡實際就是太極拳所說的走內圓。

我們所談到的速度，除了單次擊打的速度指標，還有啟動速度，和手法變化速度，二次啟動速度，中間變向速度，反應速度這幾個方面的考慮。單純的肢體快，作用是非常有限的。炸力無斷續，重複多次擊發，以及高超的反應速度，都是非常必要的。另外由於路線軌跡的選擇，單純直線式的攻擊對方容易適應，那麼，中間的變向和轉折速度又是另外一重境界。

(四)綜合性訓練

盤架或單式訓練及推手、接手，需要單獨進行針對的訓練，在本文就不一一敘述了，只談一下綜合訓練。

1.反應訓練

只有提高了反應能力才可以在技擊中應對自如。一般來說，心快手慢或者說沒有反應是常犯的錯誤，有些太極拳的初學者，對方的拳打到自己身上還沒有意識

到，或意識到了，卻沒有反應過來，這就是缺乏反應訓練的表現。

2.距離感

在敵我雙方如何保持有效的距離，敵進我退，敵退我進，攻防轉換中保持不在對方的有效攻擊範圍之內，並能由調節自身距離，來有效的打擊對方。

3.角 度

角度的交叉轉換可以化解對方的來力，並由換位尋找間架的空檔來打擊對方。實際運用中，在不同的角度上進行打擊、承接、引化，效果是截然不同的，這些技巧對發揮太極拳的特點是至關重要的。如四兩撥千斤、引進落空；又如怎麼樣在與對方接觸的一瞬間化解對方來力？打擊對方的一瞬間又如何破壞對方的重心？

包括上述的幾點等等的綜合訓練應當是技擊訓練的第一階段內容，在此需要指出的是：第一階段訓練的內容在第二階段尚需訓練，無非是層次不同，訓練的內容和要求不同，在此就不一一敘述了。

二、由招熟而漸悟懂勁

這個階段訓練在前面的基礎上進行變化，前一個階段是破，這個階段就可以稱為立，或者說由博而約的過程。每一式打法不能形成定死的格式，如金剛搗碓和單鞭，在不同的情況和不同變化的前提下，我左手可以用金剛搗碓的某個式子，右手可以用單鞭某一式，如果非要硬靠近到一個式子上，那麼，戰機往往就丟失了。因

為前人所編排的套路和單式，必定是一個固定的模式，這種的固定模式的編排固然有一定的好處，但在高水準的技擊當中會對你的充分發揮產生一定的障礙，形成一種模式化的枷鎖。

前賢在這一階段有明訓：此階段為變規矩，要求拳中有拳，術中有術，式式相承。這個階段是原有打法基礎上的昇華，逐漸進入拳學素質與實踐運用階段，從有招有式過度到得機得勢，並要學會在運動中適應不同的對手的不同變化，上、中、下三盤各盡其責，利用太極拳的特點黏、連、相、隨、引進落空，人背我順，在高水準的實際運用中，沒有考慮用什麼招法的機會，純熟自然，也就是在一定的條件下本能的反應，運用之妙存乎一心，難以盡述。

在此基礎上逐步進展到隨勢就勢、隨勢而變、隨勢而發。這個階段的針對性訓練，對拳學技擊的昇華有至關重要的作用，承前啟後，所以，前賢留下了許多針對性的輔助練習方式，太極拳愛好者不可不知。

1.在此階段我們要明白太極拳的合理運行軌跡，即在最短時間內，最短距離，最有效打擊對手，拳學運行軌跡如果掌握得當，可以使你在接手速度變化中大大縮短運行時間和運行路線。

2.在拳法上要求起腳為腿法，落步為步法，虛虛實實、步腿合一並且與拳法有效結合，攻防一體，周身處處可用，這在實戰中是非常重要的。

3.儘量縮短防守與進攻的間隙，也就是減少「縫

隙」，因為這種間隔在技擊中會給對方有機可乘，同時對自身來講也會貽誤戰機。

4. 我們應做到打化合一、攻防一體，並在與對方第一接觸點上去控制對方，這種控制對方對高水準的技擊起著決定性的因素，由第一點的接觸來達到人背我順（其他方法也能達此效果，這個不屬本文所要敘述的範疇）。

控制對方使對方在技擊中始終處於一種背勢，如同被蛛絲纏著，在我的掌握之中。要達到此境界，首要的前提是要懂勁，要知道自己之力，也要懂得對方的意圖，這就是所說的知己知彼才能百戰不殆。為了訓練這種感知能力，有些人在推手上狠下一番功夫，雖然也取得了一定的效果，但這只是訓練過程中的一部分，在傳統的訓練體系中還有多種的訓練方法，如能有效的結合到一起，將會有事半功倍的效果。

在太極拳的內功修練體系中，如何由內在的訓練來打開汗毛孔潤養肌膚，這就是過去前人所說的「氣透於皮毛」。由自身的內在變化和自身的皮毛協調統一與外界（如空氣等）尋找一種遙相呼應的感覺，以加強神經末梢的靈敏度、增強感知的能力，並有效的配合太極拳的八門、五步、十三式，來打擊對方。

從八門勁法上講，首先要求八面螺旋，每一個動作都要求是一種螺旋整體的運動，這種螺旋運動不是單向運動，而是一種陰陽相扣折疊螺旋的運動，對方的來力會在螺旋運動當中被消化掉。

八面螺旋勁是太極拳核心勁法，在此基礎上訓練八法合一，即掤、捋、擠、按、踩、挒、肘、靠，每種勁法都暗含其中，勁法是層出不窮、勁勁相連、勁勁相扣，在與對方接觸的一瞬間，自身的潛在意識自然就可以根據對方的來力有效運用八法（八法都暗含其中）克制來敵，也就是說勁中有勁，八勁合一。

三、由懂勁而階及神明

太極拳技擊的上乘技法，乃是「全身無處不太極，何處沾點何處擊」，無論打擊對方或對方打擊我，在攻防轉換中，必然有一接觸點，否則無法打擊對手。由這個接觸點，引化發放全在其中，最直接迅速，這也就是技擊中最根本的點。由於實戰雙方始終處於不確定的運動變化中，如果拘泥於僵死的招式，必定在高水準的實戰中落敗。此階段即為無規矩（但含規矩）的階段，近代人所能達到這一層次者，猶如鳳毛麟角。

筆者雖對此階段有所聞，但也沒有達到此階段所要求的境界，在此就不班門弄斧貽笑大方了。本文只是簡述了太極拳技擊所需各種素養中的一部分，開券有益，希望對太極拳初學者有一定啟發。

以上是筆者對太極拳的點滴體會，僅是一家之言，供太極拳愛好者參考，由於每個人的師承和經歷不同以及對太極拳的認識不同，所以，不同的觀點肯定是存在的，只有在自身的實踐當中去體驗和認識，才能在實踐中得真知。只有自己所驗證出來的，才是自己的東西，

別人的東西再好，練不到自己身上還是等於零。

順便說一下，傳統功夫的那種味是很難定量地描述，流傳下來的記錄多半是由師徒授藝這種方式來記載的。因此老師的口傳心授和自己的體認非常重要。簡單的如吃個葡萄，吃過葡萄的人才知道葡萄的味道，它的味道用文字只能寫一個大概，與其花費大量心思去描述，還不如親自品嘗一口。

四、小 結

太極拳的各種素養是根據不同的需要而特定設計的，所以，它更有針對性。比如：練太極拳的愛好者都知道太極拳大杆。它對發力能起到輔助的訓練，無論太極十三杆也好，抖杆子也罷，是對太極拳定向發力有一定的幫助，光空抖杆子主要是訓練定向發力，是非常基礎的，也是非常重要的。

動向發力也可以說是沾點發力，主要是在沾黏相隨中尋找發力點，在對方變化中，引化發放對方，針對性比較強。挑竿子主要是針對有阻力訓練的發力，太極拳要求何處沾點何處擊，也就是兩點接觸的一瞬間，引化發放一氣呵成。是較佳的輔助訓練。太極拳的輔助性訓練還有很多，在此筆者就不一一列舉了。

第6章 太極拳體系的中心主線

第一節　爲何以勁力的求取和訓練　作爲中心主線

　　從前面的論述中，讀者可以感到，太極拳真正提煉的素質和能力是非常多的，需要考慮的因素眾多，需要達到的技術指標眾多。從整體的構架來說，太極拳如同滿漢全席，洋洋大觀，但又往往讓人不知從何入手，顧此失彼。因此，明確太極拳體系的中心主線至關重要，以此主線來總攬全局，實現珠聯璧合，如此則功夫有成。

　　山左王南溪先生在內功經序言中如此寫到：

　　拳勇之術，古來不下數十家，曰探馬、曰鑒子、曰羅漢、曰太祖、曰佛爺、曰武子，一切可驚可駭之名難以盡述。承人陋習，學此而非彼，學彼則非此，紛紛聚訟，日甚一日。而要知不得內功真傳，拘家所縱，費盡苦功，終屬下乘。猶之讀書不能反約，泛覽、博務，何

能明道？又凡物莫不有其本，得其本而末隨之矣。所謂一以禦萬，簡以禦繁也。近來習此道者，忘其本之為一，而逐其末之不同，分門別戶，捏造名色，往往自為譽曰：「吾之術近路也。」不詢其以一禦萬、簡以禦繁之道，茫然罔覺，何怪其臨敵潰哉。

夫宇宙之正道，原未有近路也，不過有本末先後耳。後此變化無方，皆前此循序漸進有以致之也，何有近路之可言哉？然則所謂本者何也？曰勁也。順進可以制敵，退可以自守，往來上下，無不如意。勁鬆、勁小、勁背，不足以當敵，退不能自守，多虛實，無非危機。

由此可見，古人對以勁力來貫穿整體的學術體系早已經有了足夠的認識和思考，由循序漸進的訓練最終達到進退如意，圓活自如。

太極拳譜中云：「用意不用力。」這句話練太極拳的大多都知道，但是，在當今的太極拳推手當中，頂牛現象屢見不鮮。太極拳的力和勁到底如何劃分呢？筆者認為拳法都離不開力，無力不稱為拳。因為人站在地面上就有一個支撐力，如果連支撐力都沒有的話，就沒法站住，更談不上拳了。但力與勁也是有明顯區別的，首先力與勁作用不同和訓練目的不同，一個舉重運動員可以舉起數百斤的槓鈴，但太極拳高手卻未必舉得起來。他們訓練的方法不同，結果也是不一樣的，在技擊中誰能取得勝利又另當別論。牛有千斤之力，一日可以耕地十畝，老虎沒有牛的力氣大，但是可以把牛吃掉。

　　太極拳技擊的訓練就是訓練老虎這種搏殺的勁力，而不是耕牛之力。老虎固然本力遜色於牛，但它突然的爆發力和力量的轉換變化，以及運動的速度都勝過牛，看過動物世界的人多半能對比出食草動物如牛和鹿與食肉動物獅虎類的運動模式區別，這是由於它們不同的生存趨向造成的。草食動物的肌肉類型適合長途跋涉和躲避，他們的肌肉類型不是適應於搏殺的，但獅虎經過自然選擇，每個部位都極度的適應捕獵的需要。由於目的不同，造成了發力模式的根本不同，拳術主於搏人，因此必然是獅虎般的勁力才能夠滿足實戰技擊的需要。

　　其次，勁是在力的基礎上進行訓練的，筆者的這個觀點有些人可能不會認同，但的確是在實踐當中總結出來的。舉手投足都需要力，沒有力站都站不起來，何談勁呢？因此，用力是絕對的，不用力是相對的，在不用多餘力的前提下進行綜合訓練，無論精神、意識、氣血、筋骨、肌肉、皮毛等綜合的體現，把身體各個部位形成一體，舉手投足都要具有八面支撐，虛實分明。頂牛是力而非勁，太極拳的勁法隨屈就伸，不丟不頂。

　　也許有人會說，我打人就不覺得用力，需要說明的是人體自身的感覺具有極大的欺騙性，不感覺自己用力並不代表肌肉不產生收縮和舒張，肌肉不變形是不會牽動身體的變化。經過太極拳的訓練，可以把力量分擔到身體的各個部分，不再是單純的局部受力，也就是前賢所說的均。

　　再次，勁和力的體內運行路線不同，古人認為陷於

肩臂者謂之力，能通達於整體者，謂之勁，其力堅也。太極拳勁力出入之門戶在於兩足，拳經有云，力源於足，轉化於腰，形於手指。內功經有云，足為百體之根，上載全身者也，譬如萬物之生於土而履於地，衰旺體態無不因乎地。苟非博厚，何能載物哉？故足為勁之出也。凡一放一鬆，無不從足底湧泉穴而起，勁之入也，一收一緊，無不從足底湧泉穴而伏，此下路之要訣，而功夫之根基也。形意拳種也講，消息全憑後腳蹬，可見從足底到手指的勁路為訓練之關鍵所在。

太極拳的發勁能夠全身各大肌肉群的參與，從下到上基本上都貫穿其中，對比之下目前很多拳種的發力多半是源於肩臂，發力時身體的肌肉基本上沒什麼變化。朋友們看過獵豹或者老虎的捕獵就可以發現，每次強烈的爆發都伴隨著脊椎骨的變化和各大部分肌肉群的劇烈變形，最終合到一起，作用到梢節上。簡單的說，參與的肌肉群越多，各部分力量複合的越好，同步伸展做得越好，那麼發出來的力量就越大。

再者，勁與力的訓練體現出來的效果也不同，以力量的對決制勝，取決於以大打小，而傳統的勁力更多的是一種複合的勁力，具有多個方向的變化，隨著對方的作用而變，能夠輕鬆的從一種運動模式轉換到另外一種模式，而這個變化是瞬間的。勁如同訓練有素的精兵，力如同笨重不聽使喚的新兵。一根直線運動的木棍是很容易抓住的，但是，一個高速轉動的鋼球，我們卻非常難抓住，並非是力量不夠，而是它運動平衡的多樣性。

勁力的求取和應用是太極拳的整個系統的核心內容，不管盤架也好，推手也好，散手也好，都離不開勁力的調動和應用，因此，整個太極拳體系的中心主線就是勁力的求取和優化、應用。太極拳的勁法基本分為八法，下文另有詳述。

第二節　太極八門勁法闡述

在太極拳中，八門勁法可以說是核心的勁法，在形體運動符合要求後，學者應該逐漸地摸索太極八法——掤、捋、擠、按、採、挒、肘、靠八種基本勁法，如陳氏太極拳中「金剛搗碓」一式，兩手一起一落，即分掤、捋、擠、按；一個左旋左轉，包含採、挒、肘、靠，仔細揣摩每一式的技擊作用，掌握勁力的運行軌跡，不但要知其然，還要知其所以然，一步一個腳印，進行自我驗證。行拳時要處處以意為先，做每一招、每一式時意在與人實戰，盤架時始終意想有人在前後左右隨著拳勢的變化而變化，進行攻防轉換，可提高盤架質量和針對性。

太極拳的八門勁法簡稱八法，細分的話，人分三盤，手分八法，身分八法，足分八法，無論頭、肩、肘、手、胸、腰、胯、膝、足各有其用，至於愛好太極拳技擊的人必須要詳細的瞭解身體各個部位的具體的應用，但必須指出的是雖然上中下八法合一，整體效應才是八法的核心，之所以提出三盤分八法，也就是說在實

際運用當中，而不是某一局部的攻防轉換，應是三盤同時進行的，不是局限於兩隻手或者兩隻腳，同時可以進行多點式、全方位立體式的進攻和防守，如此解釋是為了方便後學理解，運動的時候必然是一個整體運動。

例如我們要掌握汽車技術，第一件事情是拆卸，然後是分析，最後是組裝應用，這個學習的過程從破到立，同太極拳的學習是一樣的。不管青紅皂白，來一鍋亂燉，學者容易不知所云，往往經學多年，卻未得其門而入，原因何在？在於不理解整體的構成要素和組合的方式也，知其然而不知其所以然。

學者必須瞭解的是，太極八法——掤、捋、擠、按、採、挒、肘、靠都不是局部運動，而是一個周身整體的運動，古拳譜中說：掤在兩臂，捋在掌中，擠在手臂，按在腰攻，採在十指，挒在兩肱，肘在屈使，靠在肩胸，進在雲手，退在轉肱，顧在三前（眼前、手前、腳前），盼在七星（肩、肘、膝、胯、頭、手、足），空在有隙，中在得橫，滯在雙重，通在單輕，虛在當守，實在必沖。

前輩的話是有一定道理的，筆者認為前輩們留下了十八決的要點應該是針對於初學者入門角度上來講的。當訓練到一定的層次後這種經驗就有些不太適合了，太極拳是要求一個整體的運動，它決不是局限於某個部位的運動，應是人體上中下三盤無處不在的整體運動，這種整體的運動有助於形成全方位的立體進攻和防守模式，大大的提高了應變能力。因為在技擊中對方是不會

按你的想像去行拳的，你的身體任何一個部位都可能是對方進攻的目標，對號入座只會使自己在技擊中受挫，太極拳要求周身無處不太極，目的即在於此。下面對這幾個基本技法分別進行闡述：

一、「掤」

掤勁為太極拳八法之首，無論捋、擠、按、採、挒、肘、靠，也可以說是在整體渾圓勁的基礎上產生的，掤勁不應局限於兩臂，在推手與技擊中你身體任何一部位都可能成為對方的攻擊點，對方可以由你的手臂或不由手臂去攻擊你，所以說：掤勁是一種不固定的勁，又是一種無處不在的勁。它是由周身纏繞，無論進退，中定，左顧右盼，在纏繞中承接對方的來力，在與對方來力的接觸點上，改變對方勁力的方向；或使對方的來力沒有接觸點，使其突然失重，如何解決接觸點的變化是訓練掤勁的關鍵所在。

另外，我們也可以說掤勁是在一種相對矛盾中訓練而成的，如你用掤力把對方的來力掤住，制之於門外，但太極拳要求「引進落空，四兩撥千斤」，也就是說引進才能落空，引不進來怎能落空呢？

如果掤不住對方，使對方的勁力作用於我身，則反受敵制，就等於失去了自身的一道防線。如何把握無過而無不及這種火候正是太極拳習練者應當注意的問題。增之一分則太長，減之一分則太短，正確和錯誤常常在毫髮之間，望讀者明察。

不單掤勁如此，其他的勁法也是整體運動，各有其玄妙之處。在太極拳的盤架當中，它每一式裏面都蘊涵著太極十三式的變化，可以說是拳中有拳，術中有術。十三式不是對立統一的，而是相互滲透的，但是也可以相對獨立的進行訓練。

二、「捋」

太極的八法在古拳譜當中說：「掤在兩臂，捋在掌中……」前輩們的論述可能有他們一定的道理，筆者不加妄評，但現在有些名家認為：「捋」，一手接敵腕，一手附敵肘，雙掌以感覺探知對方虛實，順利捋開敵臂，隨捋進招。筆者認為有一定的道理，但是由自身的研習發現，捋的關鍵在於牽動，只有牽動對方的重心才可以借力打力，如果不能牽動對方來力，捋是很難奏效的，再者捋不單是在兩掌，大臂、小臂、身體都可以做捋勁，如果只練兩手，忽略了周身的訓練，那麼是否就變成對號入座了。

三、「擠」

有人認為擠者乃以肱部（即小臂）擠擊人身之謂也。筆者認為擠不局限某一個部位，肩、髖、胯、股、肘乃至周身任何一個部位都可以擠。擠勁一般是以掤勁相互配合的，在身體的任何一個部位與對方相接觸，十字轉換，在改變對力點和重心的同時，在接觸點上破壞對方的重心。

四、「按」

按乃單手或雙手按人身之謂也。筆者認為在太極拳推手、技擊當中，無論按是在對方的梢節、根節或是任何一個部位，都可以破壞對方重心，其核心實際就是一個折疊，是作用力與反作用力的關係。

一些太極名家在演練時可以往下按，對方本能相抗，這也是給對方一個力借用對方自然的反作用力，使其向上拔起，從而把對方打出去。

五、「採」

採即以手執人手腕或肘部往下沉採之謂也。筆者認為採同樣不需要具體部位。在實際運用當中，就是旋轉交叉中變化而成。太極拳愛好者可以細心體會一下，如果沒有旋轉交叉的變化，採勁如何能夠出來？

六、「挒」

挒是取敵全臂，一手抓敵腕，一手抓敵肘，向下将帶。筆者認為挒勁在掌握程度上有一定的困難，但在運用中效果非常不錯。實際運用時，在將對方驚起的同時，螺旋擰挫，使其遭受重創。

七、「肘」

很多同仁認為，肘是屈臂以肘尖橫擊敵人，更有多人把肘理解成肘打，訓練時設計了很多的肘打之形，如

穿心肘、迎門肘等。就肘法而言，一些武術的資料都有所記載，而且也有敘述。目前太極拳界普遍認為肘只是一種擊法，雖然肘法有多種演變方式，但是用肘打人只能說是招法，說到勁法有些牽強。筆者多年的體認，把「肘」認為是「走」，當今之所以「肘」大行於世，而不見人說「走」，很可能是傳承中根據口傳整理資料時的筆誤，過去很有可能前輩行的是「走」之義，但記錄下來的卻是「肘」之字。筆者這些觀點也同多個前輩、朋友們進行過交流，取得一定程度的認可。

筆者認為走就是人來我走，人退我進，符合太極拳原理，而肘打作為一種勁法實在勉強。對於筆者的這種觀點，很多人會有不同的意見，所謂「仁者見仁，智者見智」，僅代表筆者一家之言，供同道們參考。

八、「靠」

靠是以肩靠敵胸，或以膀靠敵腰肋。筆者認為肩、髖、胯、股、肘都可以用靠勁，不具方向、位置，更不是一個機械力。陳照丕老先生上世紀 30 年代在南京與一個僧人交流時以「迎門靠」將其騰空打起，靠法可以打旋轉、前後、左右，屬於貼身勁法，有利有弊，在功夫不到一定程度時慎用。

至於用法的一些勁力，筆者在太極拳推手述真中曾經有詳細論述，可供讀者參考。

第**7**章
初級階段訓練綱要

第一節　不依規矩無以成方圓

　　初級階段屬於學規矩的階段，是在基本掌握太極拳的盤架等方面的基本要求後才可以訓練。如果連基本的拳術運行軌跡和拳術規矩都沒有掌握，那麼，後續的工作很難進行下去。既然說功夫，那麼，不能說會打拳就是功夫，只有真正的掌握太極拳法的內涵，並能切身的體會到方能稱為功夫。

　　古人云，大匠授人以規矩，初學者在入門階段，關鍵是要學好規矩。老師要循規蹈矩的教，學生要循規蹈矩的學，要求明規矩、守規矩；要明其理、守其法。這些規矩都是歷代前賢從實踐中總結出來的寶貴經驗，這種經驗是我們後學者指路的明燈，學習階段不考慮創新。理法不明很容易造成夾生飯，也就是說只有很好的繼承才能談的上創新。

　　我們必須掌握每一勢的來龍去脈，明確每勢在運動中的虛實、開合、方位、角度、以及手足的運行路線等

等。另外，行拳時要掌握頭、胸、腰、腹、背、肩、肘、胯、膝、足的基本運行原理，在每一勢的演練中，虛實的變化、鬆緊的轉換、運行的軌跡，時時處處都在運動中變化。

任何一個動作的形體的要求都是不盡相同、隨勢而變的，決不可拘泥，否則無法領悟太極拳的實質。

從內在的要求來講，意念分輕、重、轉折；

氣分臟腑渾圓、經絡渾圓、丹道渾圓；

力分作用力與反作用力（包括螺旋力、折疊轉換之力），自身的間架結構之力（就是五弓）；

從太極拳的角度來講任何動作的要求都不是局部的，都是整體運動的一部分，如太極拳譜中「沉肩墜肘」一句，實指在訓練和實際運用中某些特定情況下的要求，並不是太極拳訓練及實際運用當中始終保持的一種要求，不知變化，反而受其所累。

太極拳不能在任何情況下都拘泥執守，不求變通。太極拳實質是陰陽轉換、圓形運動。既然是圓形運動，就應該有起落、開合、旋轉。如果始終保持著沉肩墜肘這種狀態，不求變化，必然出現運轉不靈，僵滯不化，如何能做到太極拳圓的運動呢？太極拳的圓並非是平面的圓，這種圓對太極拳的技擊幫助不是很大，更何況太極拳要求「九曲連珠，節節貫通」，每一個環節都要環環相扣，螺旋纏繞。所以，前輩們在授拳時對每勢都有明訓。

拳法一道，要知其然，知其所以然。任何一勢的拳

法，都要伴隨著不同的要求和特點，周身各部位的關節及精神意識等方面都要有相應的變化，只有這樣才能更好的達到拳法的要求。任何一樣基本的要求都應該辨證的看，它的要求是有一定針對性的，初學者要明白在拳法的演練中，有時需要鬆肩、開肩、轉肩、沉肩，墜肘、沉肘、擰肘等，都是根據不同的需要而隨時演變的。雖然沉肩墜肘在太極拳拳法中是比較重要的基本要求之一，但是它不能夠以點代面，替代在某些情況下其他的要求和特點。

在習拳的動作變化中，要嚴格遵守規矩，細心體察。這些最基本的形體要求，雖然繁複，習拳者卻不可不知，這是構成拳術的基石，只要認真練習，短時就可掌握。如果訓練時就不求變化，不明所以，如何能在技擊中運用呢？待形體運動基本符合要求後，則應逐步學習太極拳八門五步的實際應用，搞清楚每一式的技術含義，明確力起何處，終於何處，學一套明明白白的拳。

以上只是盤架的第一步，拳不可練死，隨著功夫的進展，要明白上中下三盤各有其用，空間中六方來力都有其應對之法。古人所言的拳中有拳，術中有術正是此意。因此，拳不可練死，在拳法訓練到一定程度時，任何一式必須要明白多角度，多變化，這也是從練到用的一個必經之路。

拳術修正過程中，從守規矩到化規矩，而處處不離規矩。以上所談也都是一些形體的要求，沉肩墜肘從意念、氣血與自身大弓相連，皮毛、筋骨等方面都有具體

的要求，使讀者明白以上所講只是其中一部分，因為有些內在要求因人而異，並非用語言文字完全能夠表達清楚，只是從理論上講述一下，最好在名師的指導下進行練習。只有在言傳身教，親身體會下才能真正理解太極拳的內涵。

太極拳的拳架有嚴格的規矩和要求，雖然前輩名家根據自己多年來的經驗和體會形成了自己的風格，包括我的老師也在拳架中有所變化，但是，首先要瞭解傳統的應該怎麼練，如果要是沒有一種繼承的信念的話，只講究發揚，那麼，太極拳傳不了多久，真正的老東西將會很難傳播於後人。同時每個傳播者也會增加一些新東西新理念，每個人的修為層次不同，他拳學的理念和實踐的觀念，體會和認識都是不同的。

筆者認為從太極拳這方面講不能說越新越好，天花亂墜的理論並不一定就符合太極拳的原理，當然也不是越古老越好，唯一的標準就是把老的東西繼承下來，與現在所流行的太極拳法進行比較，只有在比較當中才能夠真正的認識。從傳統太極拳架上看，它的每一式的變化，從起到落，從開到合都是由一定的攻防意識、間架轉化構成的，是攻防兼備的。從接觸到擊打都能很好的對自我進行防護，同時能夠更有效的遏制對方，決不能為了拳架的舒展、大方、好看而違背了拳法的技擊要求，學者不可不察。

千里之行，始於足下，好的開始是成功的一半，初級階段的習練雖然停留在形體之圓的層次上，距內在入

圓的距離尚遠，但為後面的提高打下堅實的基礎。

師傅引進門，修行在個人，初期階段練習非有名師正確引導把握方向不可，只有將太極理法融於行拳走架之中，方可步入正途，以期有得。

附：太極拳練拳常識

太極拳的常識是太極拳愛好者需要注意的，但往往不良的練拳習慣沒有被學者注意，這就會對太極拳愛好者的身體產生一定的隱患，這就得不償失了。

筆者就談一下練習太極拳的注意事項。

1.在太極拳鍛鍊後周身的氣血較為暢通，汗毛孔都有所張開，此時不適合用涼水洗手、洗臉；夏天更不能用冷水沖頭。這樣會使汗毛孔受到一定刺激，寒氣容易逼於體內，不要圖一時之快而給身體埋下隱患。

2.大霧天氣以及大風大雨不適合習練太極拳，夏天不可在風扇風口處習練。

3.飯後 1 小時內不宜練拳，因為食物還沒有得到消化，這樣會給練拳造成一定的弊端。如吃米飯，劇烈運動還有得闌尾炎的危險。

4.情緒不佳，不穩定時，如喜怒哀樂，尤其是大怒時不宜習練。

5.習練太極拳是要順其自然，不要有努氣，憋氣的現象。

6.習練太極拳最好選擇空氣清新、暢通、相對安靜的環境。

7.作為太極拳的真正修練者要內外兼修，行、走、坐、臥綜合習練。

第二節　初級階段的訓練內容總要

初級階段屬於慢練的階段，明確太極拳的規矩，建立拳架定型，培養基本的各項素質，為後續的訓練打下良好的的基礎為本階段主要任務。此時拳架以腰為軸帶周身，講究眼隨手行，上輕下實，兩腳落地生根，如不倒翁。基本訓練內容如下：

1.太極樁功。

2.太極舒筋功。

3.初級階段的傳統太極推手。

4.初級階段的技擊實戰訓練。

5.初級階段的盤架訓練。

6.太極拳素質訓練如太極揉球，太極大杆子，太極棉花袋，擋板等。

以下各章節將分別進行介紹。

第三節　站樁的指導理論

第一層功夫，首先是整體渾圓，是從站樁起步，樁法有多種多樣，各派太極拳都有自己的樁功訓練方法，他們的練習方法各有特色，但是，站樁的根本目的是相同的。

一、站樁目的

訓練內外三合（即神與意合，意與氣合，氣與力合，肩與胯合，肘與膝合，手與足合）六合歸一，這種相合不是人為的，而是要形成潛在的意識，成為一種條件反射，手一動腳自然有受力感，這種潛在力又是相開相合之力，開中有合，合中有開，要形成自然力，不可形成機械力，最終上下自然貫通。

站樁可以培養自身的真元，激發潛力，充分的調動人體五臟之氣（也稱五行之氣），五行之氣可以是人體之根本，既可以通經活穴，袪病健身，又可以激發人體內在潛能，內壯筋骨，外強筋膜，並且能夠提高自身的感應能力。

二、訓練方式

樁功採取合理的人體間架結構，並採取意念假借，內視觀想及精神放大等三種精神誘導方法。意念假借是在假想身體與外物相互作用時（例如意想兩手抱球於胸前），體會身體所發生的回應變化，然後在意念假借的基礎上，利用內視觀想的手段體察自身表皮、肌肉、筋、骨、髓的變化，而精神放大。即是意想自己頭頂藍天，腳踏大地，身體充塞於天地之間。

在實際站樁過程中，意念是非常豐富的，每個環節都互有區別，各盡其用。學者由舒筋、開骨、透肌膚、移位、伸縮、氣血鼓蕩通周身的獨特方法，一步一個腳

印的訓練，即可迅速加強自身的抗擊打能力，高度的發放能力。

三、盤架的技術要點分析

盤架首先在練習一至兩年後才可以談功夫二字，作為初級功夫的盤架，要求整體的渾圓。只有在整體渾圓，一動無不動的前提下，才能更深一步的體會太極拳的內涵。太極拳首先是由盤架把周身各個部位的要領用心體會，而且有效的連接到一起。太極拳的盤架裏面要求眾多，拳法首先要慢，所說的慢功出細活，在慢中更容易體會，形意前輩薛顛在象形拳法真諦中談到，樁法以慢練而入道，實在是金玉良言。

對於周身各個部位的具體要求，前賢們早有論述：虛領頂勁神貫頂，立身中正，含胸拔背，氣沉丹田，沉肩墜肘，虛實分明，用意不用力，動中求靜，上下相隨，內外相合，連綿不斷，呼吸自然，圓活舒展，一身備五弓，內勁起於丹田而歸於丹田等等。以下就主要的幾個要領分別進行闡述：

初級階段盤架的基本要領如下：

(一) 頭頂懸

拳譜云：「尾閭中正神貫頂，滿身輕利頂頭懸。」頂頭懸在太極拳中是非常重要的，虛領頂勁必須要與氣沉丹田相互配合，否則的話上領的意識過強，就可能出現氣血上沖的現象，對頭部健康有一定的隱患。實際陰

脈下降，氣沉丹田，而督脈從尾閭升至百會，這就是「尾閭中正神貫頂」實際也是一個周天。

頂勁是用意不用力，決不可用力，如果是用力相頂的話，長期習練會使血壓升高，頭為一身之主宰，支配周身，也只有上領下沉才能把上下的骨骼脊椎拉開，但需要注意的是頭頂懸是需要與拳法的起落開合相互配合，如果太極拳的高手頭部沒有領意，缺乏領勁周身的力量很難達到上下均衡，勁力能不能領起來關鍵就看頭頂懸了，有些太極拳愛好者在盤架中，頭部歪斜或者低頭，實際這也是太極拳的一大忌。如此訓練會導致中氣領不起來，就很難做到氣貫周身，上下很難做到開與合，這樣更不可能做到周身求整。

武術界有這樣一句話：「低頭彎腰，老師藝不高。」雖然這句話說的有些牽強，因為老師給講到了，學生們不能按照要求做，也不能全怪師傅，但是由這句話，也可以說明頭部是非常重要的。

內功經有云：「頭為諸陽之會，一身之綱領也，譬如物之有柄，事之有始。柄之不正，事之不裹，專望後之等哉？故頭之為用也，欲向上提起，不欲向下堆積，欲生旺有神，不宜頹靡無氣，一身之勁雖不在頭，而頭未始無關於勁之得失也。」可見頭部何等重要！頭部要領掌握的好壞對拳學起非常重要的作用。

（二）氣沉丹田

氣沉丹田無論陳、楊、吳、孫、武式太極拳都較為

重視。丹田這個位置有以下幾種說法：有說是臍下一寸
三分或一寸半，有人說在氣海，也有認為在臍內，筆者
認為是後者。

丹田這個位置在太極拳訓練中是非常重要的，它在
人體經絡學中也很重要。也可以說是各條經脈聚集的所
在。內氣可以由丹田行於周身，太極拳法訓練當中講究
起於丹田，落於丹田，但是，此練法必須名師指點，否
則不宜習練，氣沉丹田又與含胸拔背密切相連，如果沒
有空胸實腹的話，氣沉丹田也是很難做到的。

太極拳的各個要求都是環環相扣的，它以上下，左
右，前後都是密切相關的。丹田橫向可通帶脈，上下可
通任督二脈，帶脈為百脈之源，任脈為陽脈之海，督脈
為陰脈之海，這三條經脈為內功修練之重。因此，丹田
是培養自身真元之要塞，配合其他的環節可以使功夫的
進步更快。

(三)含胸拔背

在太極拳界有這樣一句話，背不圓力不全，圓背與
拔背之間並不矛盾，二者是相互襯托的。太極拳法認
為：「力起於足，主宰於腰，行於背，達於梢。」可見
脊背在拳法當中還是較為重要的。

含胸拔背要與鬆肩墜肘相互配合，如果人要是聳
肩，肩部用力的話，含胸是很難的。胸部最忌諱的是凸
胸和凹胸，凸胸容易造成橫氣填胸，氣血上浮；凹胸容
易造成駝背，身體後仰，重心不穩。實際含胸、拔背、

圓背三者是密不可分的，不需要人為的刻意追求外形，背圓胸自然含。拔背脊椎骨（大椎穴）微微有上拔之意，人體的脊椎與中樞神經相連，所以含胸拔背同時也可以對中樞神經和腦神經有一定的幫助。

有人這樣認為：在技擊中，當對方拳攻擊時，可以用含胸拔背化解對方。雖然想法是好的，但首先要看對方的水準如何，當時是什麼條件，含胸拔背不是萬能的，在有些特殊的情況下是不適合用的。

民國時期，中央國術館就發生過這樣一件事情，兩位名家的弟子在一起較技時，一個想以含胸拔背化解對方來力，但是，另一個跟勁非常好，在對方含的同時，他的第二道勁已經出來了，結果重創對方。

胸部是根據不同的情況，採用不同的方法：空胸、含胸、開胸等方面，不同的情況，有不同的變化。另外在盤架中，胸腰折疊，背腹折疊，胸背的轉換，腰腹的轉換等各方面的素養都是為技擊服務的。

(四) 沉肩墜肘

沉肩的前提條件是鬆肩。只有在鬆肩的基礎上才能沉肩墜肘，鬆與沉是相輔相成的。如果肩部比較僵硬，就不可能真正的做到沉肩墜肘，沉肩墜肘與手部有一定的關係，肩沉力到肘，肘沉力到手。拳法講究一身備五弓，手臂就是兩張弓。這兩張弓品質的好壞與勝負是密切相關的。手臂這張弓，肘關節便是樞紐，肩為根，手為梢。肩、肘、手保持一定的曲線，這樣更有利於伸

縮、開合、轉換等各方面的變化。

在技擊中，一般手臂是第一道防線，在攻防轉換中，手還是最先著力的，他的間架結果是否合理，對勝負是起相當重要的作用。在轉換時，力起於足，主宰於腰，行於背，達於梢。怎麼樣把周身的力通過手臂釋放出去，作用在對方的體內，這就是需要在手臂這張弓上仔細研究了。

根據筆者多年的體會，在每一式轉換的定式，基本是沉（鬆）肩墜肘，這也不是絕對的，在拳法的運行轉換當中，決不能始終保持沉肩墜肘，這樣會使拳法變的呆滯缺乏變化，拳法講究：「九曲連珠，節節貫通」。那麼關節的旋轉必然會有起落、前後、左右，是在不停的運轉，並不是單一的沉肩墜肘所能辦到的。

在傳統太極拳的演練中，每個關節運動都是有一定規律的。肩、肘、手的變化是非常玄妙的，決不可用定式去限制它的變化，這樣有悖於前人的本意。雖然這第一個層次還不要求能做到「九曲連珠，節節貫通」，但是，講此意主要是說明訓練要符合前人的拳學理論，不同階段有不同階段的要求，讓學者更好的理解並繼承前所傳人的拳法。

(五) 鬆　柔

鬆與柔是太極拳的根本，鬆是太極拳訓練的原則，柔是太極拳訓練的目的，兩者是完全不同的概念。有人說：「越鬆越好，鬆到一點力都沒有了，直接鬆到腳

下，這樣對方的力就很難作用到我身，不給對方力，對方如何能夠借力打力呢？我無力（力點），對方有力，我正好借對方的力打擊對方。」這種想法固然是好，但是不現實。

筆者認為過分的鬆實際就是懈，前賢明訓：「鬆而不懈。」在現實中，誰又能鬆到一點力都沒有呢？那純屬天方夜譚。因為他連基本的站立都做不到，只要有質量，就有支撐力，這是不可違背的事實。無非每個人功夫深淺的程度不同，他的力點或大或小，或輕或重而已，但是不可能沒有力點，原則和目的不能混為一談。鬆與柔的轉換和精神、意識、中樞神經都有密不可分的關係，也就是說，在鬆的基礎上，去掉周身的拙力，產生了另外一種新力，這種新力必須按照太極拳訓練原則產生的新力——鬆柔力或稱為柔力。

實際在練功換勁的過程中，精神意念也能起到相應的作用。比如人的精神在高度緊張的情況下，他的身體肌肉也是較為緊張的，氣血也是較為沸騰的，那麼，在這種狀態下很難做到鬆柔，所以，太極前賢教導我們在行拳時要心靜如水。

俗話說：「心平則氣順，心躁則氣浮。」鬆不是單一指的身體肌肉的鬆，也是多方面因素共同促成的。如：行拳中，在緩慢柔和行拳時，由精神意識及神經末梢把周身的關節一節一節地鬆開，這樣更有利於氣血的運行，從而達到由鬆到柔的過程。因為從鬆到柔，從柔到剛進化的過程較為複雜，以後另有音像資料詳細說

明。

(六)呼　吸

　　呼吸的方法主要包括自然呼吸、腹式呼吸（順逆兩種）、體呼吸、胎息。太極拳修練體系應該以自然呼吸為原則，由於學術體系不同和每人領悟的不同，傳授的方法是多種多樣的。如：有些名家在傳授太極拳呼吸的時候，要求每一個動作都要與呼吸相互配合，吸為合，呼為開，使意念、呼吸、拳式三者成為一體，這樣做可能有一定的道理，不過如果每一個環節不能很好的協調配合，那就會產生一些不良的後果，太極拳的動作難易不同，要求也是有區別的，配合不當也可能要出一定的問題。

　　筆者原來曾經試驗過按照此方法習練，後來放棄了，也可能是自身的理解問題，因為筆者在實際運用中發現，習慣成自然，經過這樣長期習練，養成了一定的習慣，反而在技擊中，捉襟見肘，反應較為遲鈍。

　　技擊不同於健身推手所說的聽勁，它隨時都有可能發生，而且有些是在你毫無預知的前提下，或者是對方突發進攻，對方的速度是非常快的，可達到一秒鐘七八掌，在這個時候呼吸、開合、意念根本就沒有時間考慮。在這種高速度，多變化的技擊中，一秒鐘我們又可以轉換多少次呼吸呢？呼吸能這麼快的轉換嗎？要知道正常人的呼吸一分鐘不過兩次到八次之間，一次呼吸的間隙，對方可能幾十拳都打過來了，因此，一切都應是

自然本能的變化才是太極的根本。

以上並不是說其他的呼吸訓練無用，而是根據每個人的目的和效果不同，選擇的訓練方式也不同。所以呼吸的方法是有一定針對性的，決不會沒有任何目的和要求，是根據自己的需要來訓練。

比如一個舉重運動員，他先深吸一口氣，然後閉氣，運用周身的力量把槓鈴舉起來，然後將槓鈴放下，深呼一口氣。吸氣就是吸取氧氣作為動力，閉氣作為蓄聚內在的能量的一種方式，吐氣就是排出一定的內氣。

其他的呼吸也是各有其用，如腹式呼吸。可以促進胃隔膜的湧動，同時也可為訓練鼓蕩起到輔助的效果。包括體呼吸，胎吸也都是各有其用的。

筆者認為第一層次的盤架過於追求呼吸的細微是不適合的，還是自然呼吸較為貼切。人本身呼吸就很自然，平時走路工作與呼吸配合的都很協調，為什麼要人為的改變呢？不如在自然的基礎上去深化它，這樣更為合適一些。

太極拳站樁、盤架、行功各種輔助的訓練，包括技擊都是有自己特有的訓練模式，最好每一個環節都能夠環環相扣，這樣才能夠更有利的發揮太極拳的水準。

(七)意　念

太極拳的理論無不強調意念的重要性。《太極十三式行功心解》中說，「先在心，後在身。」前賢云：「萬念由心，一念代萬念，雜念無存。」太極拳盤架是

由大腦的意識（念），貫穿盤架每一個動作，每一個轉折，在不同的層次，意念活動是不一樣的，不同的目的也需要有不同的意念。

如放人與擊人的意念是不同的。放人講究把對方發放出很遠，但是不傷人；擊人不一定能把人擊的很遠，可能就在原地或退後一兩步，但是很有可能就傷人。

盤架中輕柔緩慢，連綿不斷與太極快拳、炮捶的意念活動也是不一樣的，任何事物都有兩面性。

意念雖然在太極拳學是很重要的，但是運用不當也會產生一定的弊處，如長期在拳法中意念過重，勢必會給大腦神經系統造成一定的負擔，很可能會給心腦血管埋下隱患，這種隱患必然給人體健康造成威脅。但如果方法得當便可以通經脈，活絡血，延年益壽。正所謂水能載舟，也能覆舟。

心為萬念之苗，前賢云：萬般皆靜，唯心不靜。練功要練心，心也是修練太極拳的第一要素，心靜才能使人專一，否則便會雜念叢生，這是內練的第一要害，在練拳時心浮氣躁，會使氣血上升，重心不穩，便不可能到達上輕下實，落地生根的不倒翁，意由心發，心意要同頻。它們之間是相依相隨的關係，不可分開。

作為意來講，本身就能產生一種意念力，太極拳譜中講：意到氣到，意念是一種調配人體內在潛能的動力。人體內能是由意識調配激發產生的一種內在能量。使其能更有效的發揮。

太極前賢名訓：「執氣者滯。」如果用意念導引呼

吸、內氣，很可能會造成氣血不暢，如果用意念去導引用力，雖然可以使勁力有所增長，但是，這種勁力是較為僵硬的，並不符合太極拳的要求。

太極拳的訓練是由意念的調整與其他方面相互配合，在周身鬆柔的前提下，使周身的大小關節逐漸的鬆開（而不是用力拉開），並使肌肉皮毛放鬆，在意念的引導下，使氣血通暢，化掉僵拙之力，產生一種新力（意到氣到，氣到力到），動作圓活自如。形體如同大海之水的載體，氣血如大海之水，意念如推動海水的動力，缺一不可。

(八)上　下

在太極拳的訓練當中上下相隨周身一家，始終都是貫穿在每一個動作中。李亦畬在《五字決》中曰：「一身之勁，練成一家。分清虛實，發勁要有根源，主起於腳跟，主於腰間，形於手指，發於脊骨。又要提起全副精神。」人體主要是分三節：上、中、下三節，只有有效地貫通到一起，才可以逐漸形成一個整勁。

陳氏太極拳名家蘭仲明老先生傳授太極拳時講：「一身三節有上、中、下三大關鍵，即頂勁、腰勁和襠勁，都是非常重要的，而且又是互相配合、互相影響的。頂勁領不起，腰勁下不去。腰勁不能下，襠勁就圓不起，頂勁也領不起。下盤不穩固，轉動也就不靈活，配合不協調，節節不能貫穿。」

頭為六陽之首，一身之主宰，能不能把勁領起來直

接關係到上下的貫通。中脈是否暢通，上下三節本身是一個整體，是不能分開的。就腰而言，塌（鬆）腰圓襠，腰勁塌不下來，襠很難圓，襠勁主要是說兩胯的內側的勁的傳遞和轉換。擰腰時要扣襠，活腰時要鬆襠，塌腰時要圓襠。太極拳由盤架把周身各個關節的勁力，有效地連接到一起，上、中、下三盤的配合，要根據不同的拳式變化，都是有所不同的，在技擊中整體的運轉也是隨著對方的變化而變化的，隨機性比較大，所以在此就不多說了。

(九) 圓

太極拳學的運動可以說是圓形的運動，無論上下，左右，前後，起落，開合式或相連，每個轉折都離不開圓形的運動，在初級階段動作比較舒展大方，圓形運動較為明顯，比較直觀。但是隨著功夫的進展，圈越練越小，小到不見圈。

圓形運動主要分為：平圓、立圓、縱圓。圓基本是在此基礎上變化的，是大圈套小圈，小圈連大圈，式式不離圈。有些人在太極拳訓練中，較為注重每個動作形體上是否圓活，有些初學者認為這就是太極拳的圓形運動。筆者認為雖然不能說他這樣練不對，但是跟本人所學的傳統訓練方法是有很大區別的。

傳統功夫本身跟表演套路的出發點是不一樣的，一個是追求內涵，一個是追求外形。有人想兩者兼知，由於要求不同，很難做到。

比如現在太極拳的表演套路，腿踢得很高，非常美觀；但是如果對照陳發科、楊澄甫的拳照便一目了然，腿踢得都沒有表演套路高，目的不同。練拳決不能說我跟誰誰學的我就是傳統拳法，關鍵要看是否具備傳統太極拳的內涵。

傳統太極拳的圓形運動是講究周身圓，而不是注重局部肢體運動路線是否是圓的，而是肩、肘、手、腰、胯、膝、足能否圓活的轉起來，小到每一個關節都是圓的。當練到一定程度，周身的任何部位都是圓形運動。

何謂大圈套小圈？太極拳無論盤架、推手、技擊，自身就是按照太極圖的原理——陰陽魚的轉換；每個動作本身就有陰陽的變化，也就具備陰陽的轉換，整體的大圈，跟各個關節的小圈相互滲透，形成圈中圈，只有把周身各處的關節都轉起來，才是傳統太極拳的要求。

在技擊中自身的圈與對手的接觸點陰陽的轉換，實際還是一個圓形的運動。前賢有云：「直中有圓，圓中有直」。如一個電鑽，鑽頭是直的，但也可以說是個螺旋的，它在高速旋轉當中，可以鑽入水泥、鋼板，因為它是圓形的運動；如果要是直線運動的話，效果完全是兩樣的。子彈出膛，線路是直的，但是運轉是螺旋的，所以它的殺傷力非常強。如果能夠正確的理解圓形的運動，引化、發放都可以起到事半功倍的效果。

說到圓，讀者很容易想到平面上的圓，但本身拳術運動是一個立體運動，因此，圓更多的以圓弧或者螺旋線的方式出現，望讀者不要拘泥於平面的圓。

太極拳盤架中無論肩、肘、手、腰、胯、膝、足、胸、背、腹都不能用一種要求來貫徹至終。如肩在什麼時候需要開肩，什麼時候需要鬆肩，什麼時候需要沉肩。肩部的擰轉變化作為初級階段是有一定規律的，只要掌握這個規律，至少在形體要求上練的是一套明白拳。因為在拳式的訓練中，知道應該怎麼練，應該怎麼樣變化，在技擊中遇到各種情況知道如何面對，再好的拳架不求變化也是一個死椿。運用此道理可以舉一反三，去驗證自身的所學。

就筆者的經驗，此階段訓練要想真正的掌握，起碼需要三年，而且是在名師的指導下；一旦掌握就可以真正體驗出太極拳體、用本是一家，作為太極拳的修練者，決不能對太極拳的要求似是而非，好像懂了。心懂不代表身懂，再懂沒有練到身上還是別人的。只有踏踏實實地去體會，每一個過程在身體上的反應，才能驗證水準。因為訓練當中往往會遇到各種情況，在老師的指導下，去克服各方面的困難，功夫練到自己身上，那才能算真正地掌握了。

另外，學者必須避免改拳，這是初學太極拳愛好者應當注意的問題：從太極拳修練的角度講，盲目的改拳是不可取的，招法是死的，變化是活的。改的拳是能否用的上還需要技擊實戰的驗證。

太極拳法的訓練和技擊都有一套完整的訓練體系和法則，這法則像數學公式，只要把握住核心，便可以舉一反三，融會貫通。把握公式要比只學一道數學題好的

多，如果不懂太極拳法則，稍加變化就會手足無措，所學一定要學太極拳陰陽轉換的原理，學法要學上、中、下三盤，手、腰、胯、膝、頭。每一環節在拳法中作用及演變法則，這才是真正的根本。俗話說：學拳容易改拳難。學者務要求其根本，勿求其梢節。

四、金剛搗錐教學分析

學者必須理解拳式每一步的轉換都是在折疊中轉化成的，太極前賢有這樣一句話：「不知折疊罔學藝，虛實轉換折疊中。」另外，太極拳拳學運行軌跡也是非常重要的，運行軌跡是否合理直接關係到運動力學是否能夠更好地服務於拳學的修練。運行路線是否合理又關係到攻防轉換是否能攻防兼備，關係到能否更有利地打擊對方。間架是否合理，也直接關係到攻防轉換的速度、節奏、力點的變化。

另外，必須注意拳法的起落開合，任何事物都是一樣的，有開必有合，無開更談不上合，開與合之間的轉換是太極拳學較為重要的。太極名家有這樣一句話：「誰先合誰先贏。」上下相合，左右相合，前後相合，內外相合，敵我兩力相合，周身各部位都是相合相吸的。

下面筆者以金剛搗錐為例，對拳架的教學以及基本的應用做一個簡要地描述：

起式　無極式

兩腳自然站立，與肩同寬。全身放鬆，兩眼微閉。

從頭部開始，按照頭、兩肩、胸背、腰腹、兩肘、兩手、胯、膝、足的順序，一節一節地依次放鬆。這樣的放鬆過程需要往返做 6 次，並在放鬆的過程中仔細體會節節鬆開的感覺。直到能夠體會到全身鬆透，節節鬆開，從上到下一直到腳，使身體有一種徐徐下落之感。到最後將全身重心逐漸地鬆塌在腳面上。

圖1

此時排除雜念，內心平靜，欲念全消，身心逐漸地進入一種恍恍惚惚，極其微妙、自然和舒適的狀態，這種狀態稱為「無極」態。太極者無極而生。無極式是太極拳整套動作的預備式（圖1）。

第一式　金剛搗錐

金剛搗錐是陳式太極拳的第一式。按照動作的運行路線劃分，這一式可以分解成 6 個小節。

1. 第一小節

【動作路線】

接起式無極式。保持自然呼吸、立身中正，雙手慢慢提起，左手從身體中線，右手從右側分別向左上側畫弧，同時身體同步地向左側轉，轉的同時微微下坐，重心向右腿偏移。運行到身體轉到左前方約 45 度角處，右

手運行到身體中線處，左手運行到左膝上方。運行過程中隨著身體轉動，左腳也要以腳跟為軸向左側轉動，保持腳尖和膝蓋方向一致（圖2）。

圖2

【動作要領】

保持呼吸自然，沉肩墜肘，含胸拔背，鬆襠坐胯，塌腰收腹，尾閭中正。動作到位以後左手虎口沖上自然張開，左掌掌跟微有下挫之意，虎口合谷穴、肘尖、左肩肩井穴三點一線相呼應，並且與膝蓋共同形成一個豎平面。右手掌心和左手合谷穴相對，右手手腕放鬆，肘尖下墜，與膝蓋共面。右手合谷、肘尖、右肩肩井穴也三點一線相合。左、右胯均放鬆，左膝蓋略微彎曲，不可伸直，亦不可彎曲過大超過腳尖。右膝微向裏合，收右胯。胯根處放鬆。此時注意膝蓋處不可過於用力。

很多初學者右膝蓋過分往下，形成下跪的趨勢，這樣膝蓋所承受的壓力過大，時間一長容易產生膝蓋疼痛之感。因此這裏是用胯根向下收來減少膝蓋的用力。左胯的胯根也要向下放鬆。左膝微有內合之意。

這一式容易犯的錯誤是：兩手的起手弧度過大。傳統的太極拳，兩手的起手要求起於中線，手不過中線。兩手的間架結構使其遙遙相對。在身體和膝蓋向左側轉

動的同時，左腳要跟著一起轉過來。雙肘往下墜，右手手形微微下塌。做好以後，保持在這種狀態下，整體間架結構自然而然地產生一種彈力。

但是，要注意右手不可過到身體中線的左側。假如右手向左偏得太過，過了身體中線，則人體的間架結構就被破壞，因此，很容易失去平衡，稍加指向左後方的外力，人就會傾跌。

【間架分析】

傳統的陳式太極拳源自戰場，其舉手投足之間皆閃耀著實戰的火花。其間架結構經過歷代幾百年來的千錘百鍊，不斷核對總和改進，可以說每一招每一式每個動作均有技擊含義，無半個多餘動作。這點希望大家能夠注意。

本節中起手的運行路線相當講究，絕非隨意運行：有練習者為了追求表演性和觀賞性，在這裏將直接的起手改為繞一個大圈再起，雖然看起來比較舒展大方，但當對方在我左側攻擊我的時候，我的左手如果不是直接起手應對，而是走一個較大的弧度以一個水準橫面去架對方的來拳，則我的運行路線過長。而運行路線過長導致的結果是，即使我的速度不亞於對方，我的動作往往是也要比對方慢半拍，這是其一。

其二，對方直拳來打我，我以過大的弧度水準橫架，這樣的對應手法，本身在技擊當中就是一大忌。如此接手是非常被動的，因為這種形勢下我要橫向撥動對方的來拳非常困難，要比對方花大得多的力量，且我容

易失去平衡。

正確的起手方法是在中線附近沿著豎直平面起手，走一個非常直接的立面去接對方的來拳。這樣在力學結構上形成一個楔形斜面，產生的效果就是能夠非常省力地化掉對方來力，且不破壞自身的間架結構和重心平穩。同時，這種起手方法使得自己的左手有效地形成一種高效率的防護面，能夠防護住整個一個立面。這樣無論對方出高拳攻擊我的面部，還是出低拳攻擊我的肋下，我都能非常及時地防住。而如果走過大的弧度，以水準橫面去架對方的來拳，則防守範圍大大縮小。身體左側的立面並沒有被有效防護，敵方只要稍微改變出拳的方向，向下即可突破我的防禦，攻到我的左肋，向上亦可攻擊我的面部。所以在接手的時候要注意全身上下攻防轉換的節奏。

注意在我們的太極拳中，間架結構完全靠自身結構的合理性來維持。動作到位，放鬆即可產生彈性力，不用專門使勁去維持結構的穩定。動作不到位，即使用力去保持平衡和間架結構，也是很難維持的。反而會因不合理地使勁而使得全身動作僵硬，反而更加不穩。

2. 第二小節

【動作路線】

接第一節到位動作。身體由左前方約 45 度角的位置，向右轉動，帶動兩隻手同時向右側畫弧旋轉。要注意鬆右肩，右肘從上一個位置向下沉，向內劃一個經過

右肋的下半圓弧，帶動整個右臂從原先位置向右方移動。左手與右手保持在與上節到位時差不多相同的距離，共同向右側轉動，而轉動同時，左手也有一個順纏的自轉。身體向右轉過大約 90 度角後，此時面向右側前方大約 45 度角的方向。隨著身體的轉動，重心逐漸由右腿移到左腿。左腳跟著內扣，右腳以腳跟為軸外擺，保持與右膝蓋同向（圖 3）。

圖3

【動作要領】

鬆腰坐胯，立身中正，不可低頭哈腰。動作到位以後左掌掌心向上，勞宮穴凹陷。右手虎口向上張開，虎口合谷穴、肘尖、左肩肩井穴三點一線相呼應，並且與右膝共同形成一個豎平面。左手掌心和右手合谷穴相對，左膝微向裏合。收左胯，胯根處放鬆。

【間架分析】

市面上流傳的很多陳式太極拳的教學 VCD 錄影上，這一節的動作常常做成右肘向上畫弧或者直接向右推出。這樣看起來雖然顯得比較舒展大方，卻並不符合技擊的要求。因在技擊當中，這樣的動作，其後果是導致運行路線過於集中，打的是一個點，而右側肋部的空門則完全暴露在對方攻擊路線之下。

此時如果對方出拳襲擊我的右側，我橫著去擋就非常被動和吃力。因對方稍加變化，拳勢略微下沉或者上挫，即可突破我的防線。

還有人對這一動作的解釋說是用右手去拿對方的胳膊，但在實際戰鬥當中，雙方速度都很快，想用一個單手抓住對方，除非功力懸殊比較大；在雙方水準相當的情況下，想抓住對方是非常困難的。

而正確的做法，右臂的運行路線是在一個立面上進行接打。整個右側側面就全都護住了。而不是單一的去接一個點。在攻防當中，這樣的引化是比較高效率的，而順勢起腳換步，做身形的轉換也都是比較快的。這樣我可以在接手的一瞬間讓過對方的來拳，轉到對方背側。此後對方整個後半背就完全暴露在我的攻擊範圍以內，利於我從背後進行攻擊。

另外，如果對方在我接手的時候拳勢下沉，試圖攻擊我的右肋部，則我右肘只要稍微下沉，即可輕易防護住對方的攻擊，並且可以順勢拿、帶、抓、勾掛，順勢迫使地方將右側甚至後背讓給我。這種正確的應手方法包含在本節的套路當中，練習久了以後熟練並且形成本能反應，即可在技擊當中發揮作用。

注意在轉換的過程中肘是向下向外旋。比如推手時候，對方大力來推我，我的肘不是單純向下，而是向下向外旋，將對方的來力化到我的外側。一化即走。從動作外形上看只是微微的一旋，劃的圈很小。不可因追求美觀大方好看而劃很大的圈，那樣力很容易散，造成間

架結構的破壞。

3. 第三小節

【動作路線】

接上個動作，雙手手臂繼續向右側畫弧，整個身體向右側產生一個合勁，在向右合的過程中把重心由左腿支撐逐漸轉換到右腿支撐。肘部在向下畫弧經過右肋以後向外向上畫弧線，右手手臂向外向後翻轉，順勢逆纏。

【動作要領】

本節是一個過式，身體由開向合轉換，同時帶動重心向右腿回收，以使左腿由實變虛，右腿由虛變實，以便為後續動作中收腿上步創造條件並且蓄勁。本節過渡式看起來非常不起眼，轉瞬即過，不稍停留，既沒有大幅度的動作，也沒有可以亮相的定式。初學者往往將本小節一帶而過地忽略，但若認真到位地去完成它，亦有相當大的難度。

要注意在過式當中須保持身體的平穩，不可因重心的轉換而使得身體上下起伏。動作要一氣呵成不宜拖泥帶水，更不可僵硬虛浮。有的太極拳愛好者在重心轉換，身體開合的過程中喜歡做不必要的扭動，誤以為太極拳所謂的開合就是全身上下一起扭動，扭動得越厲害，轉的圈子越多就越有太極味，這是對太極拳的誤解。

因為第一，扭動過大，圈子過多，勁路就斷了。太極拳講節節貫穿，周身如九曲連珠，並非意味著劃很多

圈子。要做到周身節節貫穿，則實際每個關節轉動的角度，一個式子中勁路所劃的圈數都有非常嚴格的規定，只有角度分配合理，才能真正將筋骨撐起，形成八面螺旋。

第二，不適當的過分扭動常常使得練習者在不自覺當中破壞了立身中正的原則。比如有初學者將丹田內轉理解成下腹部的前後搖擺，結果造成挺胸、腰前弓和撅臀，這些本都是太極拳運動中的大忌，養成習慣不但不能達到預期的鍛鍊效果，反而容易練出毛病，對內臟造成損害。

與初學者往往輕視甚至忽視過式的練習相反，太極拳的高手常常在過式當中體現自己的內涵和特色，這也是他們的高明之處所在。王宗岳的太極拳論，在開篇即指出「太極者，無極而生，動靜之機，陰陽之母也」。太極就是在從混沌虛無，清淨無為的無極狀態，向陰陽已分的兩儀狀態之間轉換的一個過渡狀態，是一種非平穩的狀態過程。這個狀態類似於一壺架在火爐上的開水，溫度已經達到沸點，表面上還保持平靜，但是即將沸騰變成開水這一瞬之間的狀態。又好比老鷹撲兔，靈貓捕鼠，凝神待發，爪子將伸未伸，身形將撲未撲的瞬間狀態。所以說陰陽轉換一瞬間，忽隱忽現。太極圖實際也表示一種動態。

太極拳得真傳者，正是因為對這種動靜、陰陽、開合、虛實的轉換時機把握地恰如其分，因此能在瞬間將攻防轉換於無形，在技擊當中使對方迷惑而不知所措，

因而立於不敗之地。對起到承上啟下，開合虛實陰陽轉換樞紐的過式，又往往是身形、步法、收發換位的關鍵所在。可見太極拳當中過渡式的重要性。

就本節來講，雖然此過渡式極其轉折，一帶而過，但卻涉及到重心的轉換，全身的開合，身形的變化，又是步法轉換的前奏，其內涵相當廣闊。細細揣摩，經常體會其中的奧妙，則可促進練習者對太極本質的理解和對勁路變換的運用。

【間架分析】

本節套路路線當中包含右手手臂向外向後翻轉，順勢逆纏的手法。在技擊推手當中，這種逆纏手法，可以作為一種拿法來用。左手可以向前方引化，作為一種打法。在接打過程中如果左手輕合，左右臂形成一種合勁，則可以形成擒拿，給對方來臂造成威脅。如果對方順勢下沉，則對方整個頭部面部正好送給我的左手，直接就打。

這些都是隱含在變化當中，令對方防不勝防的。

4. 第四小節

【動作路線】

接下來左右手均有一個翻轉的動作。左手繼續順纏裏合，掌心向上翻轉。右手也微有順纏之意，兩手之間形成一個合勁。繼續收胯提

圖4

膝，重心完全轉換到右腿支撐腿上，右胯內側放鬆，左腿提膝收胯，左腿含有勾掛之意，提起左腳向左前方鏟出（圖4）。

【動作要領】

注意身體下沉，有下坐之意。重心不可浮起過高。支撐腿膝胯裏合，不可跪膝。兩肩要保持水平，所謂立如平准。不可一個肩膀高一個肩膀低。雙腳分清虛實。此式左虛右實，不可雙重。

這一節中常犯的錯誤是身體前傾太過，撅屁股泛臀，雙手前推太過或者伸得過直，導致重心失去平衡，站立不穩。還有就是右手肘部架得過高，左手手形角度過大。

有人認為這樣是為了配合右手拿對方的肘和腕，實際左手托對方的肘部時，自己的關節旋轉的角度都已經給封死，而且正好自己給自己造成一個反關節的動作。這樣對方的肘稍微下沉，你不但拿不住對方，反而容易讓對方借力挫自己的左腕關節。

正確的角度是手掌順纏手心向上，左手右手形成一種自然而然的合力。這時從腳下產生一種彈力，貫穿到兩臂上，別人向下壓，向後推都很難破壞你的間架結構。做的正確，腳下的彈力能夠傳到手臂，使得雙臂向外，向上均有很大彈力。這種合力甚至可以輕易托起一個人向下壓的重量。

【間架分析】

這一節的間架結構，在實戰當中可以有效防範對方

不同角度的來拳。當對方來拳沖著我中線右側時，我不必去拿對方的手臂，只需要左手順勢一合，身形順勢一讓，即可讓過對方來勢，而對方收勢不及就會將頭部暴露在我攻擊範圍內，我右手翻手就可以打。同時我左手化過對方手臂上的來力以後借助作用點處的反作用力向上彈起，可以直接攻擊對方下巴、咽喉、面部和後腦等要害。而當對方來拳對著我中線左側時，我左手的順纏形成的間架彈力本身就能夠以立面的楔形結構，以物理學上斜坡的省力原理，很穩當地化去對方來拳，將其攻擊手臂攔截在我身體左側以外，使其失去攻擊力。並且我可以順勢突入對方中線。所以這一個動作，左手即可處理敵方無論是向我中線左側還是右側，這兩個方向的攻擊。

接下來左腿的鏟步，是一種進身法，含有整個身形的變化。然如果沒有前面重心的控制和間架結構的配合，則容易失去平衡，很難進身。

一個有利的間架結構必須是要符合技擊的原則，不能為了好看而違反這一原則。很多陳式太極拳的教學光碟上，為了顯得舒展大方，在這裏都增加了一個向外推的動作，固然美觀，但破壞了整體間架結構，且使得你自己的重心也跟了過去，下一步再轉換就相當困難了。

5.第五小節

【動作路線】

接上節，左腿鏟出的同時左手就有一個略微向後，然後向下向前畫弧的動作，劃過下半弧以後左手手腕向

前翻轉，帶動左肩部有向前擠靠的
動作，然後右足蹬地，重心前移至
左腳，左手沉肘收手，右手手掌順
纏翻轉劃一個小圈以後帶著右足向
前收。此動作上步的過程中，右手
走一個略微的下弧，向前下方插，
同時左手合在右手的肘彎處。上步
以後重心落在左腿支撐點上，右腳
虛探在左腳前方（圖5）。

圖5

【動作要領】

　　注意左手在上步時的收手，絕
不是向回收。而是靠身體向前來相對產生收手蓄勁的效
果。太極拳講究來去無空手，一種說法是出手不回。你
如果在這裏將左手往回收，則左臂失去了向前的掤勁。
掤勁一旦卸去，在實戰當中很容易被對方所趁，借你回收
的勢子給你一擊。另外，要上步也必須維持向前的掤勁。

　　很多初學者在這個動作完成以後右肩比左肩高。這
是因為右胯沒有放鬆的緣故。上步注意不要腳尖點地，
而是前腳掌著地，腳心微空。

　　大家可以試一試，如果是腳尖點地，則右邊胯根是
撐著的，比較僵硬，很難鬆下來。而用整個前腳掌著
地，則可以將右胯放鬆。注意立如平准，兩肩維持水
平，目光平視前方，視線不可過高或者過低。視線過高
則會導致身體不由自主地後仰，視線過低則會不自覺地
前傾。前仰後合容易破壞人體間架結構的平衡，是武術

中的大忌。

【間架分析】

上步的動作中隱含一個肩靠，過去這叫做迎門靠。

上步之前右手有一個很小的擰旋動作。在實戰當中，對方向我中線右側攻擊，我可以在讓過對方來拳後，順勢用左手劈打對方。此時對方為了防禦我的劈打，可能會向我右側進步躲閃。

因對方是在進攻當中，又被我左手劈打給封住了角度，因此，對方閃向我左側的可能性不大。而對方一旦向我右側躲閃，我右手正好等在那裏，將對方向右側轉換的路線完全封死。對方一變，我右手正好進擊迎面就打。非常順手。所以，我的每一個動作轉換都是有明確目的的，要卡住對方的轉換路線。

在上步之前，左手翻轉當中還隱含有一個勾掛的動作。這個勾掛動作在實戰當中可以用來接對方向我中線左側的進攻。並且牽動對方重心。上步時左、右手形成一種合勁，也是一種打法。在傳統太極拳的招式中，往往是雙手一起動作，或分或合。這也是技擊的要求。

練習太極拳時，大家要養成一旦出手就雙手一起動作的習慣。這樣可以在實戰中以我的雙手打對方的一隻手。具體打法中，太極拳講究打前手封後手。以合理的角度、卡位，由對敵方前手的封堵打擊，讓對方自己把自己後手給封住。後手一旦被封住，對方不轉身，不動步，後手就起不來，等於一直作廢。這個雙手一起動，打前手封後手的戰術在實戰當中非常有效，是太極拳技

擊的一大特色。

但現在社會上流傳的各種太極拳教學光碟和太極拳著作中，很少有提到這一戰術思想的。這反映出了一個問題，在太極拳的教學當中目前普遍存在只教推手，不講技擊的現象。練了多年太極拳的人，大多數往往只知道套路和推手，有些人知道一些擒拿，極少有人瞭解太極拳最基本的技擊思想和戰術，甚至很多人以為太極拳不擅長技擊，這都是相當錯誤的認識。因此，筆者有意在此向大家介紹太極拳怎樣實戰，怎樣技擊。讓大家體會到太極拳的戰術是相當直接，相當科學和有效的。希望大家能夠有所收穫。

6. 第六小節

【動作路線】

接上節。右手提起同時握拳，放在左手手心處。然後提起右拳和右膝，同時向上，在上打的過程中右拳拳心向外旋轉，形成一個向上的旋打。然後落右腳，右肘下沉帶動右拳下打，最後右足著地的同時，右拳與左掌相合，合在小腹前大約一拳距離處（圖6）。

【動作要領】

本節上提動作開始之前，身體並非正對前方，而是右腳、右肩在

圖6

前。提膝上打下落以後，右足落在與左足平行的位置，即無極式時右足相同的位置。此時身體才是正對前方。因上節上步之時右肩暗含一個迎門靠，然後右手向前插，同時送右臂右肩與左手相合。因此，上節動作完成以後是把右肩送出去打一個側身。絕不能因為好看，身體是直的正對前方。因右手前伸，手過去身過不去，則出手的並非一個整體勁，而是一個局部的力。

注意本節動作當中左腿支撐腿膝蓋不可往下跪。這裏容易犯的錯誤也是膝蓋向下的角度太大，膝蓋應當上拔內扣，鬆支撐腿的內側。

還有一個要點，手往上起的時候身體要微微下落。上起下落，上下對拉，才能有平衡。很多初學者這一動作做成手和膝向上提，身子也跟著拔高，這是非常錯誤的。重心一拔高，立即失去平穩，站都站不住，很容易傾跌。

下打之時手腳同步下落。下落過程全身骨節一節一節鬆下去。落地要輕，全身放鬆最後鬆到右足。落腳的時候切記不要震腳。震腳不好，時間長了會對腦部神經造成一定影響。有些人不但震腳，而且做成用力跺腳，這是非常錯誤的。這樣練不但達不到技擊效果，反而有害。實際在上起下落中，應當仔細體會，感覺全身力量自然鬆垂。而不是使蠻力。右拳下落也是，體會放鬆的感覺，最後與左手相合，而不是使勁砸。

【間架分析】

右手握拳與膝同時提起上打，這一動作不是往上撥打，而是一種旋打。如果對方手來打我，我右手搶到敵

人中線內側豎著架起對方來手，向上擰旋。這種擰旋利用的是力學當中螺旋的原理。大家知道，千斤頂的螺旋可以使一個人以不大的力氣輕易頂起一輛汽車。同樣道理，對方勁一來，我右手接住向上擰旋，可以將對方重心拔起。對方重心一浮，腳底力量上不來，間架結構馬上就散了。我則手拔起以後跟著就下來，豎直平面肘、拳打下來可攻擊對方整個一個豎面，對方結構一散很容易被我後式打倒。武術技擊當中這一上一下，往往能收到奇效。

在本章中分六個小節詳細敘述太極拳第一式金剛搗錐的動作路線、動作要領和技擊思想，目的在於告訴大家，太極拳的每一招每一式，每一個動作都是非常有意義的，絕不是隨隨便便可以任意發揮，想怎麼打就怎麼打的。初學者一定要本著認真的態度，弄清楚每一個動作的技擊含義，揣摩其中的要領，弄明白每一個動作為什麼要這樣做，方能真正地掌握太極拳的技擊要領，在實戰當中用得上。

傳統的太極拳，每一個動作都決不是多餘的。太極拳愛好者可以根據自己的個人特點去揣摩不同的技術動作，領悟出可用於實戰的帶有自己個人特色的技術，但決不可脫離太極拳的技擊原則，將太極拳的招式任意改動。因差之毫釐，往往謬之千里。有時候稍微改變一點角度，方位或者弧度，都會使得原本在實戰中非常奏效的動作，變成門戶打開，破綻百出的失敗動作。過去的前輩們絕不輕易改動師門所傳的招式動作，就是這個道理。

本章還有一個重要的目的，就是為了讓大家體會

到，合理的間架結構的作用。間架結構合理，則不需要用很大的力量去維持，全身自然而然地會產生一種帶有彈性的整體勁力。間架不合理，則全身是散的，即使用力，也是局部力，非常容易被別人打亂結構，失去平衡。進攻時也是一個道理，合理的出手角度、方位、順序，是實戰當中佔據上風，取得勝利的關鍵。

武林高手和一般人的區別，一個主要原因就在於高手出手絕不拖泥帶水，非常合理，破綻極小。用自身出手的合理，與對方出手的不合理相對抗，自然非常輕鬆有效。有人總以為打不過別人是功力不夠，總在強調功力的訓練。下的功夫很大，不可謂不刻苦，然而在實戰當中卻收效甚微。

就是因為沒有掌握合理的技擊方式和出手原則，以自身破綻百出的手法，要想在千變萬化的實戰當中取得上風，那是非常困難的，功力再大也很難用得上。

五、初級階段的推手分析

(一)目前太極推手的現狀

在《太極拳推手述真》一書中對推手已有詳述，在此，對重點部份加以補充，總體來講太極推手分三種形式：1.競技推手，2.流行的健身推手，3.傳統的技擊推手。由於三者訓練的目地和目標都有所不同，所以它們的效果和訓練方法也有區別。

1.競技推手

對此現在的太極拳界看法很多，眾說紛紜，有人說競技推手就是推小車、四不像、「頂牛」、中國式摔跤，也有人說是一種傳統武術新的嘗試，筆者認為競技推手雖然有不足之處，但也有它自己的特點。首先競技推手的運動員，他的體能相比之下還是不錯的，有一些名家的弟子在推手比賽當中，一回合下來累得呼呼直喘，他們的一些技巧就很難發揮出來了。體能是技術得以發揮的關鍵，競技推手需要一定的身體素質為依靠，而技擊更要求體能為依託。

對競技推手而言，圈內決勝，從某種意義上說也是比較公平的，它可以說是傳統太極拳的一塊試金石。

2.頂　牛

所謂頂牛是相對的，它不是絕對的，在埋怨對方用僵力頂牛時，是否可以反思一下自己頂牛了沒有，如果自己不頂他就不會產生頂牛的現象，一張在空中飄著的白紙，你想和它頂牛是不可能的，因為紙不給你著力點，它受力就飄走，即使有一定的著力點，但是，這種力形成不了兩力相持。

由頂牛會給人一種反思，平時人們所說的推手要求黏連相隨不丟不頂，但在競技比賽當中，對方給你隨不給你隨，就會感到不適應，化不開對方的來力才會產生頂牛現象，平時所需訓練的原則是沒有錯的，是否在原

來的訓練基礎上再加些其他的方式，去適應各種風格的推手。這樣才能夠在場上運用自如，本身這也是太極拳的訓練原則，隨勢走勢，見勢打勢。

3. 中國式的摔跤

雖然這個詞帶有一定的諷刺，有人是這樣形容的，摔跤不摔跤，推手不推手。這很可能是處於比賽的安全考慮，有很多推手擊法和用法被限制所產生的一種必然的反應，雖然在比賽當中個別的用法是不錯的，但是，總體而言和傳統的訓練方法還是有一定的區別的，傳統太極的推手講究踢拿摔打、分筋挫骨、拿脈點穴，這種風格在競技推手當中很難看到，受規則所限制，故此會產生這種現象。

4. 傳統推手

傳統推手現在主要分兩大訓練體系：一、訓練較為流行的劃圈打輪推手，有人說無規矩不成方圓，筆者也是這樣認為的，實際這就是一種程式化的推手，這種推手只能作為傳統推手的一個技術訓練。

二、在此基礎上訓練亂插也叫亂環，也有叫黏手，叫法不同基本原則是相同的，這一部分訓練純屬無程式化的訓練模式，是隨心所欲隨勢走勢，見勢打勢，在此基礎進行接手與實戰訓練，它的主導思想不是在於為推手而推手，而更注重於擊打發放，為技擊而服務。

在此補充說明，初級階段的太極推手訓練要求和需

要達標的手段，沒有規矩不成方圓，先從基本的劃圈而言，首先需要做到，圓活舒展，不丟不頂，把盤架或單式訓練的各種方法，逐一體會，在任何轉折變化中由老師示範給勁，學者體會後，在老師或者同學之間進行反覆體會，不能為推手而推手，它是根據技擊所需要的各種素養訓練的，它的各種擊法由推手中充分的體驗出來，因為在初級推手當中走法、手法都有一定的規律，在規矩中循序漸進，深入的體會，舉一反三，推手決不是擒拿，更不是推推搡搡，初級階段所具備的達標手段，首先要明白，體會到踢拿摔打，符合太極拳技擊要求的基本素養，至於水準高低是因人而定，要明白拳法在技擊中的用法。

六、初級階段技擊實戰訓練

本階段的訓練還屬於有形有勢，在此階段還需要招法，是從盤架單操推手過渡到散手，它有別於推手，推手是兩隻手相搭，有接觸點之後，技擊不可能兩隻手都搭住之後才開始，所以這種條件反射，速度等方面都要有一定針對性的訓練，另外，身法手法走法等方面也都需要有一種針對的訓練。

(一)條件反射

這種條件反射是在推手有一定基礎後在實際中訓練的。有些拳師盤架、推手功夫都不錯，但是真正打起來了，拳打到鼻子上還沒有反應過來。

技擊中需要的條件反射正如人冬天被潑了一盆涼水，人本能的就會一緊，這種訓練是很難用語言文字進行描述的，要求在實際訓練當中形成一種潛在意識，這種意識直接關係到技擊的水準能否有效的發揮。

(二)速　度

速度在太極拳技擊當中也是非常重要的，有人認為練時慢，用時快，這種觀點筆者認為是錯誤的。快有多種多樣的訓練方法，如精神意識訓練法，拳學軌跡訓練法，肢體訓練法，還有一些綜合訓練，能夠把人的速度提高到一定程度，所以，只有練快用時才能快。

(三)勁　法

初級勁法較為單一。掤、捋、擠、按、採、挒、肘、靠、左顧、右盼、中定、前進、後退十三勢的綜合運用，在此基礎上還要注重手法的變化，怎麼樣更巧妙擊打和引化，身法的變化。身為肢體的主宰，是上下相接的主題，配合是非常重要的。步法的變化對於拳法來講是非常重要的，步法轉折的快慢，方位的調節，在技擊中能起到很重要的作用。

(四)角　度

在實際運用當中角度的掌握關係到對方的力點，間架結構，對攻防的結合也能起到突變。在不同的角度當中，都會有實質性的改變，也易控制對方的空檔、力點

和變化。

（五）時間差

在技擊當中也稱為火候，實際變化、轉折就在瞬間掌握得恰倒好處，會讓對手有手足無措的感覺，正好被打在點子上。

（六）距離感

在技擊中雙方的距離感不是用尺來量的，是由實戰中的變化來決定的，出一拳或一腿能否打住對方，自己潛在的意識要知道。距離夠不夠，是否為無用之功都要心中有數。對方在擊打我的時候，我的閃、展、轉換也需要恰倒好處，這跟距離感有一定的關係。

初級推手技擊還有很多素養，在這裏就不一一敘說了，因為有些東西並非語言文字能夠描述。是需要在實際訓練當中心領神會的。

初級的輔助訓練還有太極球、太極大杆、太極攔板、太極棉袋。關於太極球和太極棉袋在《太極推手述真》一書中已經有詳述，在這裏就不講述了。

太極大杆主要有太極十三杆，以及一些配合太極拳發力的單式杆法，使力達杆梢。在此基礎上還有對杆和劃杆，挑杆、實物訓練。每一個層次訓練方法各有針對性。

太極攔板是用一塊彈性比較好的木頭，一頭埋在地下，把各種勁力發放在攔板上，以求得更深一層的體認。關於發力的訓練在《太極推手述真》一書中已有敘

述，這裏就不再重複。

　　初級的訓練方式方法很多，就介紹到這。

第  章

中級階段訓練綱要

太極拳中級階段屬於快練的階段，也就是古人說的拳法快中變，盤架時開始從定態過渡到動態，以神經末梢帶周身，以手追眼，眼神到、手、身、步、意識全到。

拳法講究九曲連珠，兩腳如棉無定所，虛實轉換自然中，技擊中變化自如，隨勢打勢。

第一節　總　綱

拳法訓練講究九曲連珠，節節貫通，使周身的大小關節有效的形成一個整體，擰成一股繩。各個關節都需要轉開才能夠使周身更靈活，關節的彈性更大，才能夠真正達到全身無處不螺旋，並奠定雄厚的基礎。人肢體大小關節，是否能切實有效連接成一個整體是拳法好壞的一個重要保障，火車在運動中車廂節節相扣，高速運動中能把每一節帶動起來，拳法運動亦如此，機械力是基礎，自然力是根本。

太極講究九曲連珠節節貫通，使用周身各個關節，

在各種頻率轉換中，處處符合陰陽轉換的原理，在高頻率轉換中要使用自然力，不是機械力，要符合太極陰陽轉換原理，在這前提下，周身一家，融會貫通，才能達到整體運動。

需要注意的是：九曲連珠並非肢體與四肢關節扭來扭去，這樣反而會把身體的勁力練散。拳法訓練一定要得法，不可憑主觀意識搞創新。人身體的幾大關節，不是隨意想像讓其合就能合住的。這種機械力在高水準技擊當中，很難發揮。局部旋轉不同頗易脫節，並給技擊運用埋下隱患。在技擊中，對方根本不會給你扭動的機會，哪怕只有半秒鐘的扭動很可能已經落敗。只要是真正的經過實戰洗禮的人都會知道在技擊當中，瞬間即可結束戰鬥，如陳發科前輩所說：「一、二即可結束戰鬥。」也就是說周身的旋轉應該是一個整體。

還有一點需要說明：九曲連珠不單單是肢體的運動，它更是注重於周身氣血的運行，精神與意識的運用，比如：血隨氣行，氣隨意行，內外相應，周身一家。

拳法講究勁中有勁，法中有法。在這一階段，就不能墨守成規了，需要舉一反三，變化多端。周身大小關節，上、中、下三盤需做到各盡其用，各有其變，例如：在技擊運用當中，對方的攻防轉換離我的某一個關節或某一個位置最近，那麼，我就運用這個位置進行攻防轉換，而沒必要依靠手和腳，這樣才更直接有效。

太極拳技法講究周身無處不是手，每一個部位都要

發揮它的攻效和它的價值，這樣才能真正發揮太極拳應有的效果。

至於勁法，勁中有勁，太極拳的掤、捋、擠、按、採、挒、肘、靠，八法當中每一個勁法都應該會有內外七法無處不通。在這個階段的勁法，一動就打其根，即一擊對方，就會使對方根部受到衝擊，對方就會有種連根撥起，站立不穩的感覺。

太極前賢有這樣一句話，折疊轉換有玄關。也就是說在折疊轉換中暗含機關，這個玄關是根據勁法的需要和變化針對地訓練。比如力的根源，氣的源泉，它如何更有效地配合五張大弓在旋轉當中高效地運轉當中，在縮短運行軌跡過程中如何更有效地發揮。

俗話說一把鑰匙開一把鎖，每種勁法都有它特定的訓練方法和辯證的演變方式。

本階段意念的活動不局限於自身，因為自身的演變是在第一階段訓練的，在這個階段就是要把自身的調節與外界相互融合，也就是人們所說的意念假借和精神誘導，以及神經末梢的運動形成一體，微妙地變化會產生不同的效果。

第二節　傳統太極癥結之我見

對傳統太極乃至傳統功夫有深刻理解的人都會深刻地認識到，傳統武術的特點在於體系精微，勁力細緻，對於全面地塑造人的素質乃至培養技擊素養，都是非常

有效的。但拳術之道，一則為體，二則為用，用之於己可以健身療疾，用之於彼可以抗暴防身。但體用之間如何過渡乃是最為重要的環節，這直接決定著未來的技擊水準。

再以武術家為例，簡單地說，武術家也有幾類，有的天賦過人，百煉成鋼，但是技術相對粗糙，缺點在於難以延傳，其後人的技術表現更多的取決於他的天賦素質，這樣的拳派也往往曇花一現。

有的武術家經過系統的體系培訓，理法兼備，這樣的人往往可以承前啟後，是集大成者，他們可稱得漁之人。還有部分體系完備性相對少些，只能稱為得魚之人，可以稱雄於當代，但後人往往式微。體用前後脫節就如同有錢不擅理財，優勢無從發揮，此時往往懷疑自己的體系，而不是想辦法把它完整化。

拿西洋拳擊來說，雖然體系相對簡單，但是麻雀雖小，五臟俱全，從選材教學，體能訓練，單人訓練，阻力訓練，陪練，體能恢復，賽事推廣乃至從低到高各種檔次的進階式拳賽，都是非常完備的。拳王每拳可重若千斤，但他們並沒有因此而直接上擂臺，他們要做的也是尋找各種風格的陪練，並且配合教練引靶，餵勁，經過長期的艱苦訓練，並且積累幾十場高品質比賽的出賽經驗，方能擂臺稱雄。

而反觀我們很多同仁，往往容易自滿，想當然的認為自己能打，這是非常不可取的。朋友可能會問，那我們採取西方的訓練模式不就解決這個問題了嗎？要知

道，發力模式不同，技擊風格不同，適應的場合不同，訓練出來的東西味道也就截然不同。我們做的是中國滿漢全席，不是西洋速食，有些理念和模式可以借鑒，但不能直接照搬。

對手的水準直接決定著未來技擊水準的境界，跟拳手對練，自然也就是成就一個拳手，跟技擊家在一起磨練，成就的是高超的技藝，學者不可不察。

自晚清時期到民國，湧現過很多的太極高手，如永年的楊露禪、武禹襄，趙堡陳清萍等名家鉅子。但後來，各種大賽，包括民國時期的國考大賽，太極選手往往難以殺進最終的決賽。

難道過去太極前輩們的技擊水準已經僅僅成為一種傳說了嗎？後人再也達不到了嗎？

筆者認為，不然。從訓練到技擊過渡環節的缺失，是太極雄風難再的關鍵所在。很多朋友練得確實不錯，但實戰技擊卻往往跟自己練的技術不成正比，原因就是缺少重要環節的溝通。傳統太極的訓練體系原本是環環相扣的，是後人缺少了環節。如果缺少其中的部分環節，那麼必然造成前後脫節，首尾不能呼應。

如我當年學習太極拳推手時是透過程式化推手，劃圈打輪等模式訓練的，但是看了前賢們的資料，發現有太極打手之說，筆者向一位恩師請教，他卻說：「打手就是推手，叫法不同。」事實上，持有這種觀點的前輩大有人在，過去前輩所作的打手歌也被人簡單的理解為「推手歌了」。

本來拳譜跟訓練體系是並行相關的兩條線，相互對應，相互印證，可是當我們的訓練體系丟失了環節時，往往就會發現它與古傳的拳譜不能夠對應起來，此時往往反而就懷疑古代拳譜的正確性，或者自作主張，張冠李戴，掛羊頭賣狗肉了。凡此種種都是因為先入之見太重，不能夠反躬自省，嚴謹求學造成的。後來筆者有幸拜道家太極拳傳人李老先生門下學習他的訓練體系和理念，並且多方驗證和實踐體認，才最終對整體的太極修練體系能夠形成明確地認識。

太極徒手訓練原名為打手，實際上，其訓練內容有：推手、沾手、分手、接手等幾種訓練方式。筆者多年來接觸同道中，發現推手較為普及，推廣比較好，也是打手訓練的基礎，沾手、分手、接手在少數人中有所沿傳，很少見有關太極拳的資料做介紹。僅見劉晚蒼先生在《太極拳架與推手》一書中對有關接手一詞的簡述：「作為訓練的推手和實戰的打手之間還有一個接手的問題，這是首戰序幕的揭開問題，必須恰當處理，實際打手是鬥爭，決不會先作搭手，再行出擊。」

目前好多人甚至把太極拳的推手認為是太極拳的技擊，這種思想對太極拳的繼承，無疑是很危險的。在推手這方面前人論述頗多，筆者也著有《太極拳推手述真》一書可供參考，筆者就不再介紹了。

在此，筆者也再次呼籲武林同仁，臨淵羨魚，不如退而結網，寧可多下功夫，把我們的傳統太極拳完備化，也不排斥它，否定它，乃至拋棄它。練用之間的過

渡環節是技擊水準的瓶頸所在，對抗訓練越細緻，水準越高，調教出來的素質越高，那麼，自然技擊水準也就越高。武學巨匠王薌齋先生曾經說過，離開推手，小乘拳法，執著推手，一無是處。

試觀近代武林前輩，以技擊成名者都經過長期的老師帶，或者師兄弟訓練的陪練，這也是無法用文字描述的代代相傳的技藝。

作為老師，一方面教給弟子各種有形的功夫，拳譜資料，拳架功法，另外一方面則把自己的功夫感覺用身體傳給後人，也將為人做事的胸襟和態度影響著弟子。所以古人說，不但傳法，更重傳心。作為我們來說，既要得魚，也要得漁方能服務後人。在此我們更要深深尊敬那些保存和記憶傳統武術血統的老前輩，他們才是我們最可愛的人！

第三節　中級階段的推手，沾手，接手，分手

一、總　論

中級階段的推手是在初級階段的基礎上進行訓練的，不再有任何程式化的練法，純屬訓練在自然狀態下變化的訓練模式。

1.在訓練模式上沒有化圈、打輪，搭手後就憑當時的力點進行攻防轉換，這種訓練更能激發人的本能，不

被條條框框束縛。

2.勁力的變化在高速度的對抗中完成，學者反應速度必須跟上，稍微慢一點就要挨打。訓練在突發情況下如何引化、打擊對方。拳譜有云，動急則急應，動緩則緩隨，只有在高速度訓練當中充分的檢驗，才能在技擊當中得心應手，平時不經過高速對抗訓練，那麼，實際交手又如何急應呢？高速運動變化時的身體反應和意識反應，呼吸的控制又如何能夠習慣呢？

3.勁力可開、可合、可分、可黏。此階段的訓練手可斷開，腳可踢人，身可放人，全身任何部位都可以進行擊打轉換，不再拘泥於不脫手的限制。

二、沾　手

沾手古稱亂環，訓練的是無規律運動中做到沾連黏隨，是在推手的基礎上進行訓練的，是由高速度、多變化、快節奏、多變勁法轉換中完成的，訓練如何在技擊中能沾住對方，這是沾手訓練的核心，有些初學者認為沾連相隨是在程式化推手中訓練出來的，實際不然，對方一個突變往往就反應不過來了。在對方突變中完成攻防轉換的沾連黏隨，完全是本能反應。

三、分　手

分手主要針對於擊打發放，雙方都是在運動中尋找對方破綻來打擊對方，在這種運動中，訓練如何能做到攻守合一，引化、發放、擊打。實際交手中，有開就有

合，融技擊發放與控制於一體。此訓練一接觸後分開的擊打。

四、接 手

接手是在前各項素養訓練有一定基礎後，方可進行。此接手與社會上模式化的接手時截然不同的，太極拳講究全身是手，因此，接手並不局限在手部，從古訓中說，太極拳全身都是手，都可以作用攻擊和防守的部分，兩人對戰的時候，既可以用手法來接，也可以用腿法來接，也可以用步法來接，也可以利用身體的閃展騰挪和伸縮變化來接，其目的在於訓練在技擊中雙方沒接觸的前提下，在接觸一瞬間如何能做到人背我順，控制對方。

我們此處所談的接手都是在無規律高速變化下的控制，並非是模式化的抓對方的手，如果僅僅局限在用手抓對方，那麼，也就違反先賢本意了。

接手訓練的好壞，直接關係到技擊效果的發揮。這是從訓練到實戰的最終的過渡環節。

此階段的訓練必須口傳心授，這也是歷代以來的傳承方式，非言語所能夠盡其妙也，望讀者諒解。

第四節　綜合素質訓練

在中級階段太極拳整體訓練方法與初級階段有所不同，可以從以下幾個角度來理解：

1. 太極拳的整體訓練就是周身的臟腑器官、肢體、氣血的綜合訓練，來調節人體內在潛能使身體能量能夠集中的在運動中充分發揮出來，太極拳之所以要求整體訓練就是要把周身勁力有效組合到一起，以改變人的局部運動，因為局部的運動在太極拳很難調動周身各個部位，不能使能力更有效地發揮，往往沒經過特殊訓練的人，所用的都是局部力。

2. 整體訓練在太極拳養生方面也起著至關重要的作用。

從人體科學角度上講，人實際是全息的人，周身各個器官都是緊密相連密不可分的。用五行學講，臟腑器官都是相生相剋的作用，調節氣血水火平衡。從運動力學和精神意識全面的訓練來講，在運動當中能有效的使臟腑器官調動起來，促使血液循環，平衡陰陽。

傳統太極拳養生學對人體臟腑器官發生影響是經由多方位相互配合起來進行的。調節方法決不是頭痛醫頭，腳痛醫腳，是整體調節，是尋病根找其本的，使相關臟腑都能夠相應的得到鍛鍊和調整，也是整體訓練的一部分。

3. 從技擊角度講，能否進行整體訓練，是直接關係到技擊水準能否提高的關鍵。現在很多太極拳愛好者對太極拳的技擊產生了誤解。這種誤解直接影響到太極拳水準的發揮，往往有人認為對方拳來打我。我手應當如何擋，腳該如何踢。這些想像的招式在實戰能否發揮暫且不談，如果太極拳訓練只集中在手或固定某招式上那

就錯了。作為初學者入門還是可以的，如果作為修練者上乘水準的訓練方法與這種比較，那就大可不必了。

太極拳上乘水準何處沾點何處擊，全身無處不太極，要求頭、肩、腰、胯、膝、足、肘、手每一部位都應該發揮其應有的效果，而不是固定在兩手之上，在技擊中也應根據對方變化，調整身體對周身哪個部位能更有效的打擊對方，這樣才能更有利於自己實戰的發揮。

例：技擊屬於兩國交戰，敵方打擊我南部，難道我還能放棄南方軍隊，讓北方的軍隊來打南方的敵人嗎？這樣反而措手不及反受制於人。

所以，在太極拳技擊中，不要只練兩隻手，應全身都是手，如果對方攻擊我下盤。我再用兩手來防對方就來不及，下盤本身就是可具備擊打和引化作用的，為什麼不能有效的發揮呢？

太極上乘技法就是周身各部位運用陰陽轉化哲理來要求人體運動規律，舉一反三，靈活變化，而不是某些局部的招式。

第五節　太極拳發力訓練

太極拳要求剛柔相濟，在拳法的盤架中，加有一定的發力動作，就本人而言，認為對於初學者來講，不適宜在盤架中有發力的動作。

因為初學者對拳法演練還沒有深入的認識，比如：對身體剛柔的轉換，意念的調節，氣血的運行，拳法的

結構等方面都沒有認識，盲目的發力不僅達不到太極拳的要求，反而容易養成不良的習慣，發力首先要具備有力，有力才可以發力，這種力不是後天的拙力，而是用於搏擊中的一種活力。雖然前賢有云：勁斷意連，意斷神接。此話的確是金玉良言，但是不適合初學階段，因為初學者根本就沒有神、意、勁的體會，只有對太極拳盤架和其他的基本功有一定的體認後，具備了發力的素養，才可以進行發力。

在此需要指出的是：太極拳的發力，是實實在在的，不是自我欣賞的，如太極拳的抖彈力，發力時決不可兩手抖來抖去，好像勁力很大，實際不然；抖彈力是應該如何抖入對方的體內，同時把對方的勁力抖散把勁力滲透進去，發力一切要從實踐的角度出發。

太極拳發力訓練主要分三個層次，靜態發力、動態發力和自然本能發力。

靜態發力：

主要分三部，第一步：蓄而後發，就是把力量蓄足了發出去才有力，但這種發力運行時間稍長，在實際運用中是很難有效發揮的，但對初學發力者，能夠更好更快地將全身各部位伸縮鼓蕩。

第二步：借物練習。人空練發力與打到物體器械、人體身上是不同的，最好這一步是一種動向練習，如擊打太極棉袋。

第三步：主要是一種滲透練習。這種滲透練習是如何將力打於外而傷於體內，也就是說把對方打散，在於

對方接觸發力的瞬間如何使對方勁力全失，才是透於體內的基礎所在，也是傳統武術的根本所在。

動態發力：

不知道武術愛好者有沒有感覺往往自己站椿或發力勁力十足，真正兩人扭打到一起時，他那種呼呼生風的發力，就很難全面有效的發揮出來。動態發力在傳統武術當中主要分三步練習，也是在技擊中力的發放是無法替代的一步，因為動態發力在不同的運動當中力的反應點是不同的，所以沒有固定的模式，只有仔細體驗動態發力滋味的前提下才能講解清楚。

關於自然本能的發力，等有機會我再給大家詳細交流。

太極拳的發力訓練筆者在《太極拳推手述真》一書中進行了詳盡的描述，讀者可以參考此書相應的章節。

第六節　中級階段的技擊

這一階段的技擊純屬拳中有拳，術中有術。同樣一式打法可以演變成多角度、多方位、多變化的擊法。

手法講究手無定法，變化無窮，隨實際情況而變；身法講究身無定形，身法伸縮、搖擺是根據需要相應的反應；步法講究步無定位，抬腳為腿法，落腳為步法，搶點奪位隨意走。

在這一階段決不能強調招法怎麼打、往哪打，這都是初級的東西。講究自然，隨勢走勢，自然的尋找對方

空檔打擊對方，沒有任何人為的意識來控制。在中級階段要把初級階段的各種素質和反應逐漸的訓練成一種自然狀態。

第 9 章
高級階段訓練要求

　　高級階段屬於快慢相間階段，此時的訓練無規矩而合規矩，太極拳的轉折變化可大、可小、可虛、可實；實中虛、虛中實；開則密合，合開一體。

　　此階段是在第二層次更深一步的演練。拳法無論轉折到何程度，自然而然要與身體各部位相合，內外達到一種最佳點，也就是說「無形無象方為真」，不是由後天意識去支配的拳法，而是由先天的潛在意識激發出來的本能現象。

　　這一階段注重身體內在潛能充分的發揮，而不是停留在某一個拳式上。腳下功夫要求做到，如履薄冰，戰戰兢兢；任何一點即分陰陽，虛實轉換無形中。

　　太極拳各種要求應該在第一和第二層次中都應該完成，第三層次就是把各項要求及方法形成一種條件反射，融入到自身的潛在意識中，隨時隨地可以處於太極的狀態。

　　這個階段是訓練自然本能，拳法無規矩而守規矩，隨其自然，在技擊中何處沾點何處擊，全身無處不太極。用語言文字表達就是畫蛇添足，此步功夫是心領神會。

太極心語

第 **10** 章
經典拳論詮釋

第一節　動急則急應，動緩則緩隨

　　動急則急應，動緩則緩隨，雖變化萬端，而理為一貫。

楊澄甫注：

　　今同志知其柔化，不知急應之法，恐難以與來力對敵。「急」，快也；「緩」，慢也。如敵來緩則柔化跟隨，此理皆明；如敵來甚急，柔化焉能取勝哉？則用太極截勁之法，不後不先之理以應敵。所謂截勁，如行兵埋伏突出截擊之。所謂不後不先，如敵手之發未到之際，我截入敵膊未直之時，一發即去。此迎頭痛擊，動急則急應。此非真傳不可。

　　與人敵對，推手或散手，無論何著都有大圈、小圈、半個圈、陰陽之奧妙、步法之虛實、太極之陰陽、不丟不頂之理。循環不息，變化不同，太極之理則一也。

陳微明注：

此言我之緩急隨彼之緩急，不自為緩急，則自然能沾連不斷。然而兩臂鬆淨，不使有絲毫之拙力，能相隨之，如是巧合。若兩臂有力，則擅自做主張，不能捨己從人矣。動之方向、緩急不同。故曰變化萬端。雖不同，而吾之黏隨其理則一也。

姜榕樵注：

敵急我以急應之，敵緩我以緩隨，以敵之緩急為緩急，自能沾黏不脫。沉肩墜肘，手有立椿，斯可言緩急相應。敵動之方向雖變化不定，而吾沾黏隨之，理法與個性則一也。越練越精，漸至懂勁，由懂勁而漸至變化，用功愈久，則豁然貫通，而神明矣。

顧留馨注：

動作快慢要決定於對方動作的快慢，不能自做主張。首先，手臂放鬆，觸覺靈敏才能應急緩隨，處處合拍。只有觸覺靈了，做到「彼微動，己先動」才能制人而不制於人。

動作雖然千變萬化，而沾走相生，應急緩隨的道理是一貫的。

筆者注：

前輩們的經驗告訴我們，急應緩隨是太極最基本的要求。而現在有些人，在練習太極拳時，只知道慢而不知道快，看到別人快便說：「你那不是太極拳，是外家拳。」一直陶醉在慢的過程中，認為越慢越好，更有一套所謂的理論——練時慢，用時快。實際不練快能快得

起來嗎？一個沒有練過書法的人，他能夠成為書法大家嗎？慢只是訓練的一個階段，前輩說的好：「動急則急應，動緩則緩隨。」如何能夠動急則急應呢？筆者認為，沒有經過高速度訓練的人體會不到快的內涵，與之息息相關的拳學要素都離不開得法修練。

首先意識快，潛在的意識是需要訓練的，不是想出來的，更不是憑空悠然感受出來的。

其次重心虛實轉換的快，這需要在實踐當中總結出來的，單靠盤架是不能練出來的，盤架只是基礎，沒有基礎也就沒有昇華，但僅靠基礎也難以登堂入室。

再者，拳學的路線本身在運動中如何縮短運行路線，在同樣的速度時，運行路線越短便越直接，這需要在拳理拳法中探索，節奏是隨著對方的變化而變化的，就是所說的合拍。

剩下的是形體的速度加快，這也需要平時在鬆緊轉換和頻率上進行訓練。這是一套系統的工程，決不是不加修練想快就能夠快起來的。只有經由慢、快，再進一步修練快慢相間，快慢的節奏是隨感而應，隨勢而發的，這樣才能符合拳理拳法。

第二節　蠅蟲不能落，一羽不能加

蠅蟲不能落，一羽不能加。人不知我，我獨知人。

陳微明注：

羽不能加，蠅不能落，形容不頂之意。技術精者方

能如此，蓋其靈敏已到極處，稍觸即知。功夫能至此，舉動輕靈，自然能做到人不知我，我獨知人之化境矣。

姜榕樵注：

太極拳至入化境，誠有不見不聞之感覺。不丟不頂，稍觸即應，雖羽毛之加，蠅蟲之落，亦能預知而不容，其感覺靈敏如斯，我之動作，敵不能知，敵之去向，我能預防，自然我無不勝，攻無不取，蓋皆由初步而進階，始及此境也。

顧留馨注：

這是形容觸覺的靈敏度極高，稍微觸及，便能感覺得到，立即走化。功夫練到技術高了，便能做到：一根雞毛，一隻蒼蠅或一隻小蟲輕輕觸及人體任何部位，都能感覺得到，並立即有行動。對「英雄所向無敵，蓋皆由此而及也。」要有這樣的深功夫，才能成為所向披靡的英雄好漢。當時的中國武術家認為，近身搏鬥的技巧在戰場上能發揮決定性的作用。

李文濤注：

太極拳精神集中，感覺靈敏，稍動即知，比如一根羽毛，一個蠅蟲觸到身上也能感覺，立即做出反應，惟有虛靜才能感覺微動，有感而動，如同無意中的形動，形成條件反射，這是鍛鍊到一定程度的結果，此句只可意會，他人是難以言傳的。

「人不知我，我獨知人。」孫子說過：善戰的並無什麼了不起的奧秘，知己知彼，百戰不殆而已。不知彼而知己，就有時勝，有時敗。太極拳家能知人，全在沾

連敵人之中感知敵意，故能發勁，雖在敵人之後，而打擊卻在敵人之先。

楊澄甫注：

練功久感覺靈敏，稍有接觸即知，猶如一身鳥毛之輕，我亦不馱，蠅蟲之小，亦不能著落我身，即便著落玻璃瓶內，光華不能立足，我以化力，將蠅蟲分磋矣，如此可謂太極之功成矣，昔班侯先生有一軼事，六月行功時，常臥樹蔭下休息，或有風吹一葉落身上不能存留，隨脫流而落地下，自常試己功，解襟常坐榻上撚金米（小米）少許置於臍上，聽呼一聲小米猶彈弓射彈一樣，飛射瓦屋頂相接，班侯先生之功可謂及矣，同志宜為之。

與人對敵，不出有一定架式，使敵無處入手，如諸葛亮用兵，或攻或守，敵不能預測，諺云不知我葫蘆賣的是什麼藥，敵不知我練太極有審敵之法，如搭手素熟懂勁，我手有靈動知覺，敵手稍動我早知來意，隨手湊巧以發即出，如離遠用審敵法，以望即知其動作，兵法云，知己知彼，百戰百勝，英雄所向無敵，蓋皆由此而及也。

筆者注：

「人不知我，我獨知人。」這是中國傳統武術的一大特點，這種特色是靠平時艱苦的習練所產生的結果，首先需要一種感知的能力，這種能力主要是分內練、外練。

內練是由自己盤架、行功以及針對的訓練，使自身

的氣血充盈，通經脈，行皮毛內外合一，對方稍有變化，可由皮毛的感應就回饋回來了，知道對方要幹什麼。更深一層次是由內功的習練，使體內達到虛空的狀態，這種狀態是高度敏感的，因為是生物就有生物場，無非這種生物場大小不同而已，人也是如此，兩個人的氣息到了一定的位置，如果對方能達到高度敏感的狀態，他能感知到對方的變化，但是，這種境界不是一般人能夠達到的。

外練有的是靠推手來訓練聽力，但是也需要內練的配合，太極拳不存在絕對的外和內，只是相對而言，這也是一種不錯的訓練方法，武當太極名家周國遠老師在20多年前，傳授我沾連功時，當時用一根手指搭在我手背上說：你哪裏微動我都能感覺到，結果屢試屢驗。當時只認為老師的功夫高，後來體會到實際就是一個方法的問題，這些並不是很高深的東西，方法加苦練加自身的體悟等於結果。

現在的學者都喜歡定步推手，因為站立時，這種聽力相比之下要容易一些；而另外一種推手遠沒有推手、聽力那麼溫柔，要求在動態運動中能夠像一帖膏藥一樣緊緊沾在對方的皮膚上，使對方欲脫不能。一般的太極拳愛好者三五分鐘能夠跟上，已經累得呼呼直喘了。訓練與平時的技擊越接近越好，更有針對性。在實戰中，預先知道對方之所為，那不就能夠做到知己知彼，百戰不殆了。

概而論之，以上兩句話描述的是太極拳修練真實的

技術體驗，是訓練得到的結果。

第三節　氣宜直養而無害

氣宜直養而無害，勁以曲蓄而有餘。

楊澄甫注：

練太極是養生之法，非運氣之工作也。何為運氣？人心急有力駕氣練法，氣聚一個地方，放出不易，恐與內有妨礙。何為養氣？孟子云：「我善養吾浩然之氣」。不急不躁，先天氣生，靜心養性，練拳使內精氣神合一，行氣流通九曲珠，如未得到益，定無害也。與人敵，不使膊伸直，能上下相隨，步隨身換，膊未直而力有餘。敵早跌出，就是勁以曲蓄而有餘。

姚馥春，姜榕樵注：

養氣用深呼吸使其直歸於丹田，是為浩然之氣，緩緩下沉，可以長存。外家呼吸，不能貫徹。故僅能達於中脘。且常聚氣膨脹，久之氣滯，神態呆板矣，能使心意導氣於丹田，日積月累，氣周全身，遇敵時曲力蓄勁，待機而動，一發必中，敗敵不及避讓矣。

筆者注：

太極拳的訓練行氣於周身，通靜脈，活氣血，在正常的情況下對身體有很大的幫助。但水能載舟也能覆舟，任何事情要辨證的看待，有陰必有陽，有一利必有一弊。根據我自身的體會和所看到的現象，斗膽說一句與前賢言論不符之言：氣宜直養而無害，這句話的確使

很多人受益，但是理解不當也的確害了一些人。

因為初學者理解上的錯誤，好像氣是萬能的，只要練就對身體有益。實際不然，每個人身體的情況不同，需要辨證的看待，所練的方法是否能適合自己，真正的高人，人分陰陽，氣分陰陽。人的臟腑從中醫的理論是分陰陽的，每一個臟腑本身都需要陰陽辨證，例如腎臟也是分陰陽的，不同的情況，採取不同的方法，某種方法調腎陰，某種方法調腎陽，只能說知辨證者直養而無害。真正能夠辯證自身的陰陽，相比之下較為容易些，如果要是辨證施治，如何練陰，如何練陽，陰陽補瀉是非常有講究的，太極拳可以抽出某一個式子訓練來調節某一個臟腑的疾病，必須要理法都相通，辨證施治。不同的訓練方式會引起不同的身體反應，是否與身體相合才是關係到身體健康的關鍵因素，練法的陰陽之理必須跟自身體質的陰陽之理統一起來才能夠真正為我所用。

以上所言主要給大家提個醒，不要過於絕對化，訓練時更加理性，因練氣得法而受益的前輩眾多，很多名家都已經講過了，我就不再畫蛇添足了。

第四節　身背五張弓

蓄勁如張弓，發勁如放箭。

董英傑注：

蓄者藏也，太極勁不在外而藏於內。與敵對手時，內勁如開弓將射之圓滿。猶皮球有氣充之。敵人伏我

膊，雖覺綿軟而不能按下，使敵莫名其妙。敵方狐疑不定，不知我弓已引滿待發矣。我如弓，敵如箭，發勁神速，敵如箭跌出矣。

楊澄甫注：

蓄者，藏也，太極勁不在外，藏於內，與敵對手時，內勁如開弓，不射之圓滿，猶皮球有氣充之，敵人伏我膊，雖綿軟而不能按下，使敵莫名其妙，敵疑心時，不知我弓上已有箭要發射矣。我如弓，敵如箭，出勁之速，敵如箭出矣。

郝少如注：

欲求「蓄勁如張弓，發勁如放箭」則一身必備五弓，統一不可，而且還必須做到五張弓的統一與合一。統一者，一弓張之則其餘四弓無有不張，一弓放之則無有不放，一弓停之則無有不停。合一者，以主弓為率，一身之勁猶如一張弓，有腳而腿、而腰、行於手指，達到完整一氣，能完整一氣，勁才能集中往一處使。蓄為吸，發為呼。蓋吸則自然提得起，亦拿得人起；呼則自然沉得下，亦放得人出，此乃離不開五弓合一之妙。

顧留馨注：

五弓以身弓為主，手弓足弓為輔，是以腰為軸，上於兩膊相繫，下於兩腿相隨，上下相隨，中間自然相隨。每站一勢，五弓具備，形成八面支撐的蓄勢。源動腰脊，周身勁整，就能「機由己發，力從人借」，弧形走化，直線發勁，蓄發相變，滔滔不絕。功夫極深者，觸處成圓，但依著何處即從何處放勁。

　　五弓合一是內外整體勁的具體規定。練拳和推手都應該一動勢即五弓具備。五弓合一則「靜如山岳，動若江河」，「立身須中正安舒，能八面支撐」，「勁以曲蓄而有餘」，「曲中求直，蓄而後發」之勢即可呈現。」

筆者注：

　　太極拳無論是在盤架、推手、技擊都有一定的要求，根據人體的間架結構、生理特徵有效的使內在的機能得以充分的發揮。古人把人體劃分為五張弓，也就是由這五張弓使人體的上、中、下三節節節貫通，把人體的力量送出去或引進來，力量不僅可以作用自身的內部也可以延伸到身體的外部。需要指出的是有效地利用人體的五張弓不是單一的肢體運動，而是需要周身各個方面有效地配合，也就是說手、眼、身、法、步、精、氣、意、力、神結合作用力與反作用力共同作用。

　　練拳如果不懂得勁力的起落開合、收發、呼放等上述一些方面的內在原理可以說走的是空架。以下就幾張弓分別進行論述：

主 弓

　　主要是人體的脊柱為主體，大椎與尾椎骨上下兩端為弓梢，腰椎（命門）為弓把，脊椎是人體的大樑。這張弓的好壞直接影響著五弓齊備的效果，無論是在盤架、推手、技擊中主弓為統帥，也是與其它的四張弓緊密相連的，大椎為身弓與手臂的兩張弓重要的結合點，尾閭為身弓與腿部的兩張弓結合處，初學者切記。無論

收發呼放，主弓一動，其餘的四張弓無一不動，周身之力如同一張大弓。

俗話說：「蓄勁如張弓，發勁如放箭。」主弓的形成也需要其他方面的配合，如：含胸拔背、塌腰、微捲尾椎骨、重心穩定、身體柔韌富有彈性，如果身體像鐵板一塊的話就失去了弓的實效了，如果要是重心不穩上重下輕自己都沒有根，如何還能夠打擊對方呢？一遇外力自然就會站立不穩。

尾閭骨和大椎是主弓的兩個弓梢，它的捲、拉對主弓的形成直接關係的，也對其他的四張弓的整體呼應產生一定的效應。塌腰只是一種籠統的說法，腰的擰轉、腰部的伸縮，鬆腰與塌腰都會直接關係到這張主弓的形成，腰為弓把，含胸實腹是緊密相連的，拔背是在圓背的基礎上使脊背有效的伸展，較忌諱挺胸疊肚破壞主弓的形成。至於胸腹也有很多的變化，另有詳述。

上肢弓

上肢弓有兩張弓，是左右手臂各有一張弓。整個手臂分三節：手（神經末梢），為梢節；肘，為中節（為弓把）；肩，為根節，根節又與脊柱的大弓相連接。肩、肘、手要相互呼應，手臂在運動當中要有個尺度：力不出尖，形不破體。同時要保證手臂的靈活性，並具備一定的彈勁。弓不可僵，要得是韌和柔，柔韌勁越強彈力越大。

手要做到領、塌、吐等勁道。太極拳有一種練法是以手領勁，周身相隨。所以領勁不可丟。但是領勁只是

在某種條件下可以運用。肘為弓把，也可以說是手臂這張弓的樞紐，沉肘有利於身體的內勁內含，同時也有助於氣血下沉，增加手臂這張弓的彈性。沉肩有利於氣沉丹田，與墜肘相互配合有利於肩關節的骨縫拉開，避免重心上浮，都是有一定作用的。

下肢弓

下肢弓有兩張弓，是左右腿各有一張弓。整個腿分三節：踝關節為弓梢、膝關節為弓把、胯關節要與尾閭骨息息相連。尾閭是連接下肢關節主要部位，太極拳要求勁力下沉，沉入腳底，逐漸地穩定重心，只有下盤穩定才能是不倒翁。太極拳又要求：力起於足，行於腰，達於梢節，雙腿之弓的質量直接關係到力道的傳遞的質量。

腳要五趾抓地，在旋轉中要與地面產生相吸相合的感應。梢節的變化直接關係到與地面的作用力與反作用力質量的好壞。

膝關節為腿部的弓把，它將起到軸心的作用，膝要有內扣外彈之力，與腳部的擰轉相輔相成，這樣才有利於力傳於胯。

胯關節是穩定下肢的重要環節，也是以主弓主要相連之所在，此處是非常重要的：首先胯要鬆，要旋轉，才能使氣血下沉穩定重心，使身體增加了一定的彈性。旋實際就是螺旋擰轉之力——周身的力擰轉到一起。如果要達到五弓齊放，也就是周身的各個環節要同頻形成一體。

就五弓而言，筆者認為還需要以下說明：頭，需要微向上領，而不是頂；正如拳譜所說：「虛靈領勁，神貫頂」。頭部的領勁、腳下的作用力與反作用力要結合到一起，使上下這張弓有效地拉開。

筆者認為頭部的頂勁過大，長期習練會給頭部健康產生了極大的隱患。另外，關於上述的關節要領請讀者一定注意，這些要領只是在某些基本條件下最基礎的要求，應該辨證的去看。

舉例說明一下，一個球在運轉 360 度時由於它的受力不同，它每一個角度都會有自己的頻率。拳法也應該如此，在每一個運行當中它的總原則一般是不會變的，但各個環節的局部是需要相應變化的。再者拉弓本身就是一個蓄勁的過程，太極拳的纏絲勁已具備出勁和入勁，八勁合一形成一個整體的纏絲勁，所需要注意的是勁法不要越拉越僵，應當根據拳法不同的特點在開合、伸縮、鼓蕩當中講究弓的伸縮性。彈性越大發出的力相應的越強，所以弓本身要有一種伸縮、開合，決不是單一把身體的骨節越拉越長，必須能夠迅速回縮，任何事物都會有一個極限，物極必反。

發力如放箭，在此筆者從盤架開始講一下自己的拙見。有些初學者在自身拳法的要求尚未領悟，更達不到力的起落、開合、轉換（也就是說勁中有勁，法中有法），但他們在拳架中帶有很多發力的動作，說起來還振振有辭，這是陳氏太極拳的特點，例如某某名家就是這樣練的。實際這種現象還是比較普遍的，筆者人微言

輕，又能說些什麼呢？

　　筆者傳授弟子太極拳法時，沒達到一定要求時嚴禁發力。因為太極拳講究鬆、活、抖、彈。首先在盤架中要使身體鬆柔開，自身的一身僵力還沒有去掉，又如何能夠打出鬆柔之力呢？從鬆到柔，無柔何談彈性。周身的關節必須要具備開合旋轉的一種靈活而不拘泥。有些太極拳愛好者的發力看起來很兇猛，在發力時，兩手抖來抖去，甚至全身都在抖，外行看著的確很厲害，實際在筆者看來只是一種自我欣賞，是否能夠真正用於實戰還有待考證。筆者有一個朋友也是練太極拳的，平時拳法的發力看起來也是很不錯的，有一次他在和別人的實戰交手中，他這種抖力打在對方身上，並沒有給對方造成多大的傷害，反而挫傷了自己的手關節。

　　筆者對發力是這樣認為的，發力應該是迅雷不及掩耳的，決不可自己故做姿態，抖彈實際是把自己的勁力抖入對方體內，挫傷對方，而不是自我欣賞。在實際交手中，雙方轉換的頻率是非常快的，如果在交手中抖來抖去，很可能早被對方擊倒了。

第五節　捨己從人

郝月如注：

　　太極拳有捨己從人之術，挨何處，何處靈活，假使挨手，手腕靈活；挨肘，肘能靈活；周身處處如此。又挨手意在肘；挨肘意在肩；挨肩意在胸；挨胸意在腰；

挨腰意在股。以此推之，如沾連相隨，不丟不頂，此進落空，借力打人，皆此意。

吳公藻注：

捨己從人，是捨棄自己的主張，而依從他人的動作，在太極拳中最難能之事。因在兩人交手時，勝負之觀念重，彼我決不兼容，何況互相攻擊，或在相持之中而棄其權利，所謂捨己從人，不僅作字面解釋而矣，在吾道中，其寓意至深。學者當於「惟務養性」四字下功夫。經云「無極而生，動靜之機，陰陽之母也」。動靜為性，陰陽為理，故性理為道之本源。養性之說是學者應時時致力修養，潛心揣摩，心領神會，久之自然能豁然貫通矣。又云：「由著熟而漸悟懂勁，由懂勁而階級神明」此乃循環之理，歸宗之意，蓋所謂「起手象外，得其環中」。功夫練到精微，能造機造勢，不愁無得機得勢處，能處處隨曲就伸，則無往不到，此乃捨己從人。

董英傑注：

與敵對手，要隨人動所動，不可自動。吾師澄甫先生常言：由己則滯，從人則活。能從人便得落空之妙，由己反不能由己。能從人便能由己，理雖奧妙而確切，惟功夫未到，則不易領略其意耳。常人與敵對手，多不用近而用遠。須知以靜待動，機到即發為近，出手慌忙。上下尋機擊敵為遠，此多誤捨近求遠也。

楊澄甫注：

與敵對手，只要隨人所動，不要自動，由己則滯，

從人則活，能從人便得落空之妙。由己則不能由己，從人就能由己，此理極確實，極奧妙。同志功夫練不到此地位，恐不易知耳，此說極明顯。佛經云：我說牛頭有角，即明顯之意也。

「多誤捨近求遠，所謂差之毫釐，謬之千里，學者不可不詳辨焉，是為論。」

與敵對手，多是不近用，多用遠。以靜待動，機到即發為近，出手慌忙，上下尋處擊敵為遠。太極之巧，分寸之大，毫釐之小，所以不可差也。如差毫釐，如千里之遠，練拳對手，同志不可不注意焉。

陳微明注：

太極拳不自作主張，處處從人。彼一動作必有一方向，則吾隨其方向而去，不稍抵抗，故彼落空或跌出，皆彼用力太過也。如有一定手法，不知隨彼，是謂捨近求遠矣。

「斯之謂差之毫釐，謬之千里，學者不可不詳辨焉。」太極拳與人沾連，即在沾連密切之處而應付之。所謂不差毫釐也，稍離則遠，失其機矣。

姜榕樵注：

太極拳遇敵交手，完全被動，而非主動。皆隨敵之方向動作，而動作不許雙重，注意偏沉，若固定著法而襲敵，一味抵抗，是謂捨近求遠。

筆者注：

捨己從人是一種後發先至，隨對方的來勢而動，而不妄動。

此為太極拳較為獨特的技擊方式之一，是一種後發而至，借力打力，以巧勝拙，是由對方的來勁相應的隨勢走勢，沾連黏隨，隨屈就伸；反制於人不受對方所制，捨己從人。它不應該說是一種技巧，而是太極拳多年的一種綜合訓練的體現；也就是說把技擊中所需要的各種素養有效地結合，才能夠達到捨己從人，後發先制。

首先要具備知勁懂勁，動急則急應，動緩則緩隨等方面的素養。實際上只有知道對方所作所為，才能夠做到知己知彼，百戰不殆，這就需要有較高的聽力和自然反應，只有達到這種高敏感的功效，才能夠由接觸點瞭解對方。這種能力是來源於你平時的訓練，知道對方幹什麼，那相應的就會有利的打擊對方，反之，如果不知道對方之所為，捨己從為就無從談起。

同時要懂得自身整體的配合，使頭肩肘手腰胯膝足，各大關節都要有效地連接到一起。正如拳譜所說九曲連珠，節節貫通，一枝動百枝隨，一動無有不動，只有周身各大關節輕靈圓活，不丟不頂，才具備隨勢走勢的先決條件。如果出現一種頂抗，就很難真正的體現出高水準的借力打力，捨己從人了。

另外，精神意識也是非常重要的，內因必須與外因相互配合，內外合一。精神意識是內因的主要因素之一，所以二者密不可分，就筆者而言，多年來一直對太極拳情有獨鍾，接觸太極拳方面的前輩和朋友也不算少了，但有相當一部分太極拳修練者如按照他們的訓練程

式應付攻擊是遊刃有餘的，在一種程式化對手當中還真能隨上對方，而且發揮的也不錯。但是，如果不按他們的方式突然間加速瞬間的變化，大多時他根本就跟不上，更談不上「從人」了。

為什麼呢？有兩種可能，一種自身的功夫尚淺，另一種原因是訓練的方法有問題，甚至在擊打當中能夠做到動急則急應，動緩則緩隨的人非常少。（關於這方面的論述另有詳解）

就捨己從人而言，筆者多年的體認，提出兩個要點，希望對太極拳愛好者有一定的幫助。

其一，捨己從人不是對方要多少我給多少，對方勁往哪來我勁就往哪隨這種單一的模式，而是在從人的前提下，破壞對方的重心，從而打擊對方。

其次，所謂的捨己決不是完全喪失自己的主觀意識，那麼就有悖於拳意。從人的目的就是對方在我的意識支配下被我所制。如果只知從人，不知控制對方，那麼將會徹底喪失主動權。從人是有一定的度，決不能漫無目的，因此，由接觸點掌握虛實轉換的火候是非常重要的。

拳譜研讀寄語

筆者對多派的太極拳譜有一定的研究，個人觀點對於拳譜最好要分層次進行研究，效果會更好一些。初級階段，學者在身體各關節和鬆緊轉換等方面，還沒有很深的認識，讓他們去研究何處黏點何處擊，全身無處不太極，在詞句上可能有所認識，但在實際操作上就似是而非，這樣反而對拳學的訓練有一定的障礙，形成一種先入為主的看法。筆者摘錄部分適合初學階段學習的前賢拳論，供讀者參考。

太極拳之練習談

楊澄甫口述　張鴻逵筆錄

中國之拳術，雖派別繁多，要知皆寓有哲理之技術，歷來古人窮畢生之精力，而不能盡其玄妙者，比比皆是，學者若費一日之功力，即得有一日之成效，日積月累，水到渠成。

太極拳，乃柔中寓剛、棉裏藏針之藝術，於技術上、生理上、力學上，有相當之哲理存焉。故研究此道者，需經過一定之程式與相當之時日，雖然良師之指導、好友之切磋，故不可少，而最緊要者，是在逐日自身之鍛鍊。否則談論終日，思慕經年，一朝交手，空洞

無物，依然是門外漢者，未有逐日功夫。古人所為，終思無益，不如學也。若能晨昏無間，寒暑不易，一經動念，即舉摹練，無論老友男女，及其成功則一也。

近來研究太極拳者，由北而南，同志日增，不禁為武術前途喜。然同志中，專心苦練，誠心向學，將來不可限量者，故不乏人，但普通不免入於兩途，一則天才既具，年力又強，舉一反三，穎悟出群，惜乎稍有小成，便是滿足，邃邇中輟，未能大受；其次急求速效，忽略而成，未經一載，拳、劍、刀、槍皆已學全，雖能依樣葫蘆，而實際未得此中三昧，一經考究其方向動作，上下內外，皆未合度，如欲改正，則式式皆須修改，且朝經改正，而夕已忘卻。

故常聞人曰：「習拳容易改拳難。」此語之來，皆由速成而至此。如此輩者，以誤傳誤，必致自誤誤人，最為技術前途憂者也。

太極拳開始，先練拳架。所謂拳架者，即照拳譜上各式名稱，一式一式由師指教，學者悉心靜氣，默記揣摩，而照行之，謂之練架子。此時學者應注意內外上下：屬於內者，即所謂用意不用力，下則氣沉丹田，上則虛靈頂勁；屬於外者，周身輕靈，節節貫穿，由腳而腿而腰，沉肩曲肘等是也。初學之時，先此數句，朝夕揣摩，而體會之，一式一手，總須仔細推求，舉動練習，務求正確。習練既純，再求二式，於是逐漸而至於習完，如是則毋事改正，日久亦不致更變要領也。

習練運行時，周身骨節，均須鬆開自然。其一，口

腹不可閉氣；其二，四肢腰腿，不可起強勁。此二句，學內家拳者，類能道之，但一舉動，一轉身，或踢腿擺腰，其氣喘矣，起身搖矣，其病皆由閉氣與起強勁也。

摩練時頭部不可偏側與俯仰，所謂要「頭頂懸」，若有物頂於頭上之意，切忌硬直，所謂懸字意義也。目光雖然向前平視，有時當隨身法而轉移，其視線雖屬空虛，亦未變化中一緊要之動作，而補身法手法之不足也。其口似開非開，似閉非閉，口呼鼻吸，任其自然。如舌下生津，當隨時咽入，勿吐棄之。

身軀宜中正而不倚，脊樑與尾閭，宜垂直而不偏；但遇開合變化時，有含胸拔背、沉肩轉腰之活動，初學時節須注意，否則日久難改，必流於板滯，功夫雖深，難以得以致用矣。

兩臂骨節均須鬆開，肩應下垂，肘應下曲，掌宜微伸，手尖微曲，以意運臂，以氣貫指，日積月累，內勁通靈，其玄妙自生矣。

兩腿宜分虛實，起落猶似貓行。體重移於左者，則左實，而右腳謂之虛；移於右者，則右實，而左腳謂之虛。所謂虛者，非空，其勢仍未斷，而留有伸縮變化之餘意存焉。所謂實者，確實而已，非用勁過分，用力過猛之謂。故腿曲至垂直為準，逾此謂之過勁，身軀前撲，即失中正姿勢。

腳掌應分踢腿（譜上左右分腳或寫左右起腳）與蹬腳二式，踢腿時注意腳尖，蹬腿時則注意全掌，意到而氣到，氣到而勁自到，但腿節均須鬆開平穩出之。此時

最易起強勁，身軀波折而不穩，發腿亦無力矣。

太極拳之程式，先練拳架（屬於徒手），如太極拳、太極長拳；其次單手推挽、原地推手、活步推手、大挒、散手；再次則器械，如太極劍、太極刀、太極槍（十三槍）等是也。

練習時間，每日起床後兩遍，若晨起無暇，則睡前兩遍，一日之中，應練七八次，至少晨昏各一遍。但醉後、飽食後，皆宜避忌。

練習地點，以庭院與廳堂，能通空氣，多光線者為相宜。忌直射之烈風與有陰濕霉氣之場所，因身體一經運動，呼吸定然深長，故烈風與霉氣，如深入腹中，有害於肺臟，易致疾病也。練習之服裝，宜寬大之中服短裝與擴頭之布鞋為相宜。習練經時，如遇出汗，切忌脫衣裸體，活行冷水揩抹，否則未有不患疾病也。

太極拳說十要

楊澄甫口述　陳微明筆錄

虛靈頂勁

頂勁者，頭容正直，神貫於頂也。不可用力，用力則項強，氣血不能流通，須有虛靈自然之意。非有虛靈頂勁，則精神不能提起也。

含胸拔背

含胸者，胸略內涵，使氣沉於丹田也。胸忌挺出，挺出則氣擁胸際，上重下輕，腳跟易於浮起。拔背者，

氣貼於背也，能含胸則自能拔背，能拔背則能力由脊發，所向無敵也。

鬆　腰

腰為一身之主宰，能鬆腰然後兩足有力，下盤穩固；虛實變化皆由腰轉動，故曰：「命意源頭在腰際」，由不得力必於腰腿求之也。

分虛實

太極拳術以分虛實為第一義，如全身皆坐在右腿，則右腿為實，左腿為虛；全身皆坐在左腿，則左腿為實，右腿為虛。虛實能分，而後轉動輕靈，毫不費力；如不能分，則邁步重滯，自立不穩，而易為人所牽動。

沉肩墜肘

沉肩者，肩鬆開下垂也。若不能鬆垂，兩肩端起，則氣亦隨之而上，全身皆不得力矣。墜肘者，肘往下鬆垂之意，肘若懸起，則肩不能沉，放人不遠，近於外家之斷勁矣。

用意不用力

太極拳論云：此全是用意不用力。練太極拳全身鬆開，不便有分毫之拙勁，以留滯於筋骨血脈之間以自縛束，然後能輕靈變化，圓轉自如。或疑不用力何以能長力？蓋人身之有經絡，如地之有溝壑，溝壑不塞而本行，經絡不閉則氣通。如渾身僵勁滿經絡，氣血停滯，轉動不靈，牽一髮而全身動矣。若不用力而用意，意之所至，氣即至焉，如是氣血流注，日日貫輸，周流全身，無時停滯。久久練習，則得真正內勁，即太極拳論

中所云：「極柔軟，然後極堅剛」也。太極拳功夫純熟之人，臂膊如綿裏鐵，分量極沉；練外家拳者，用力則顯有力，不用力時，則甚輕浮，可見其力乃外勁浮面之勁也。不用意而用力，最易引動，不足尚也。

上下相隨

上下相隨者，即太極拳論中所云：其根在腳，發於腿，主宰於腰，形於手指，由腳而腿而腰，總須完整一氣也。手動、腰動、足動，眼神亦隨之動，如是方可謂之上下相隨。有一不動，即散亂也。

內外相合

太極拳所練在神，故云：「神為主帥，身為驅使。」精神能提得起，自然舉動輕靈。架子不外虛實開合；所謂開者，不但手足開，心意亦與之俱開，所謂合者，不但手足合，心意亦與之俱合，能內外合為一氣，則渾然無間矣。

相連不斷

外家拳術，其勁乃後天之拙勁，故有起有止，有線有斷，舊力已盡，新力未生，此時最易為人所乘。太極拳用意不用力，自始至終，綿綿不斷，周而復始，循環無窮。原論所謂「如長江大河，滔滔不絕」，又曰「運勁如抽絲」，皆言其貫串一氣也。

動中求靜

外家拳術，以跳擲為能，用盡氣力，故練習之後，無不喘氣者。太極拳以靜禦動，雖動猶靜，故練架子愈慢愈好。使則呼吸深長，氣沉丹田，自無血脈賁張之

弊。學者細心休會，庶可得其意焉。

五字訣
李亦畬

一曰心靜

心不靜則不專，一舉手前後左右全無定向，故要心靜。起初舉動未能由己，要息心體認，隨人所動，隨屈就伸，不丟不頂，勿自伸縮。彼有力我亦有力，我力在先；彼無力我亦無力，我意仍在先。要刻刻留心，挨何處心要用在何處，須向不丟不頂中討消息。從此做去，一年半載便能施於身。此全是用意，不是用勁，久之則人為我制，我不為人制矣。

二曰身靈

身滯則進退不能自如，故要身靈，舉手不可有呆像，彼之力方礙我皮毛，我之意已入彼骨裏。兩手支撐，一氣貫穿。左重則左虛，而右已去；右重則右虛，而左已去。氣如車輪，周身俱要相隨，有不相隨處，身便散亂，便不得力，其病於腰腿求之。先以心使身，從人不從己。後身能從心，由己仍是從人。由己則滯，從人則活。能從人手上便有分寸。枰彼勁之大小，分厘不錯；權彼來之長短，毫髮無差。前進後退，處處恰合，工彌久而技彌精矣。

三曰氣斂

氣勢散漫，便無含蓄，身易散亂，務使氣斂入脊

骨。呼吸通靈，周身罔間。吸為合為蓄，呼為開為發，蓋吸則自然提得起，亦拿得人起，呼則自然沉得下，亦放得人出。此是以意運氣，非以力使氣也。

四曰勁整

一身之勁，練成一家，分清虛實，發勁要有根源，勁起腳根，主於腰間，形於手指，發於脊背，又要提起全副精神，於彼勁將出未發之際，我勁已接入彼勁，恰好不後不先，如皮燃火，如泉湧出。前進後退，無絲毫散亂，曲中求直，蓄而後發，方能隨手奏效。此謂「借力打人，四兩撥千斤」也。

五曰神聚

上四者俱備，總歸神聚，神聚則一氣鼓鑄，練氣歸神，氣勢騰挪。精神貫注，開合有致，虛實清楚。左虛則右實，右虛則左實。虛非全然無力，氣勢要有騰挪；實非全然占煞，精神要貴貫注。緊要全在胸中腰間運化，不在外面。力從人借，氣由脊發。胡能氣由脊發？氣向下沉，有兩肩收於脊骨，注於腰間，此氣之由上而下也，謂之開。合便是收，開即是放。能懂得開合，便知陰陽。到此地位，工用一日，技精一日，漸至從心所欲，罔不如意矣。

用 武 要 言
陳 鑫

要訣云：捶自心出。拳隨意發，總要知己知彼，隨

機應變。心氣一發，四肢皆動，足起有地，動轉有位，或沾而游，或連而隨，或騰而閃，或折而空，或擠而捺。

拳打五尺以內，三尺以外，遠不發肘，近不發手，無論前後左右，一步一捶，遇敵以得人為準，以不見形為妙。

拳術如戰術，擊其無備，襲其不意，乘擊而襲，乘襲而擊，虛而實之，實而虛之，避實擊虛，取本求末。出遇眾圍，如生龍活虎之狀，逢擊單敵，以巨炮直轟之勢。

上中下一氣把定，身手足規距繩束，手不向空起，亦不向空落，精敏神巧全在活。古人云：能去，能就，能剛，能柔，能進，能退，不動如山岳，難知如陰陽，無窮如天地，充實如太倉，浩渺如四海，眩耀如三光，察來勢之機會，揣敵人之短長，靜以待動，動以處靜，然後可言拳術也。

要訣云：借法容易，上法難，還是上法最為先。

戰鬥篇云：擊手勇猛，不當擊梢，迎面取中堂，搶上搶下勢如虎，類似鷹鶴下雞場；翻江撥海不須忙，單鳳朝陽最為強；雲背日月天交地，武藝相爭見短長。

要訣云：發步進入須進身，身手齊到是為真，法中有訣從何取，介開其理妙如神。

古有閃進打顧之法：何為閃，何為進，進即閃，閃即進，不必遠求。何為打，何為顧，顧即打，打即顧，發手便是。

古人云：

心如火藥，手如彈，靈機一動，鳥難逃。

身似弓弦，手似箭，弦響鳥落顯奇神。

起手如閃電，電閃不及合眸。襲敵如迅雷，雷發不及掩耳。

左過右來，右過左來；手從心內發，落向前落。

力從足上起，足起猶火作。上左須進右，上右須進左，發步時足根先著地，十指要趴地，步要穩當，身要莊重，去時撒手，著人成拳。

上下氣要均勻，出入以身為主宰；不貪，不歉，不即，不離。

拳由心發，以身催手，一肢動百骸皆隨；一屈，統身皆屈；一伸，統身皆伸；伸要伸得盡，屈要屈得緊。如捲炮捲得緊，崩得有力。

戰鬥篇云：不拘提打，按打、擊打、沖打、膊打、肘打胯打、腿打、頭打、手打、高打、低打、順打、橫打、進步打、退步打、截氣打、借氣打、以及上下百般打法，總要一氣相貫。出身先占巧地，是為戰鬥要訣。

骨節要對，不對則無力，手把要靈，不靈則生變。發手要快，不快則遲誤。

打手要狠，不狠則不濟。腳手要活，不活則擔險。

存心要精，不精則受愚。發身：要鷹揚猛勇，潑皮膽大，機智連環。

勿畏懼遲疑；如關臨白馬，趙臨長板，神威凜凜，波開浪裂，靜如山岳，動如雷發。

要訣云：人之來勢，務要審察，足踢頭前，拳打膊乍，側身進步，伏身起發。

足來提膝，拳來肘發，順來橫擊，橫來棒壓，左來右接，右來左迎，遠便上手，近便用肘，遠便足踢，近便加膝。

拳打上風，審顧地形，手要急，足要輕，察勢如貓行。

心要整，目要清，身手齊到始成功。

手到身不到，擊敵不得妙。手到身亦到，破敵如摧草。

戰鬥篇云：善擊者，先看步位，後下手勢。

上打咽喉，下打陰，左右兩脇併中心。前打一丈不為遠，近打只在一寸間。

要訣云：操演時面前如有人，對敵時有人如無人。

面前手來不見手，胸前肘來不見肘。手起足要落，足落手要起。

心要佔先，意要勝人，身要攻入，步要過人，頭須仰起，胸須現起，腰須堅起，丹田須運起，自頂至足，一氣相貫。

戰鬥篇云：膽戰心寒者，必不能取勝。不能察形勢者，必不能防人。

先動為師，後動為弟，能教一思進，莫教一思退。

膽欲大而心欲小，運用之妙，存乎一心而已。

一而運乎二氣，行乎三節，現乎四梢，統乎五行。

時時操演，朝朝運化，始而勉強，久而自然。

拳術之道學，終於此而已矣。

太極拳十大要論
陳　鑫

第一章　理

　　夫物，散必有統，分必有合，天地間四面八方，紛紛者各有所屬，千頭萬緒，攘攘者自有其源。蓋一本可散為萬殊，而萬殊咸歸於一本，拳術之學，亦不外此公例。夫太極拳者，千變萬化，無往非勁，勢雖不類，而勁歸於一，夫所謂一者，自頂至足，內有臟俯筋骨，外有肌膚皮肉，四肢百骸相聯而為一者也。破之而不開，撞之而不散，上欲動而下自隨之，下欲動而上自領之，上下動而中部應之，中部動而上下和之，內外相連，前後相需，所謂一以貫之者，其斯之謂歟！而要非勉強以致之，襲焉而為之也。當時而動，如龍如虎，出乎而爾，急加電閃。當時而靜，寂然湛然，居其所而穩如山岳。且靜無不靜，表裏上下全無參差牽掛之意，動無不動，前後左右均無游疑抽扯之形，洵乎若水之就下，沛然莫能禦之也。若火機之內攻，發之而不及掩耳。不暇思索，不煩擬議，誠不期然而己然。蓋勁以積日而有益，工以久練而後成，觀聖門一貫之學，必俟多聞強識，格物致知，力能有功，是知事無難易，功惟自進，不可躐等，不可急就，按步就序，循次漸進，夫而後百骸筋節，自相貫通，上下表裏，不難聯絡，庶乎散者統

之，分者合之，四肢百骸總歸於一氣矣。

第二章　氣

天地間未有一往而不返者，亦未常有直而無曲者矣；蓋物有對待，勢有回還，古今不易之理也。常有世之論捶者，而兼論氣者矣。夫主於一，何分為二？所謂二者，即呼吸也，呼吸即陰陽也。捶不能無動靜，氣不能無呼吸。呼則為陽，吸則為陰，上升為陽，下降為陰，陽氣上升而為陽，陽氣下行而為陰，陰氣上升即為陽，陰氣下行仍為陰，此陰陽之所以分也。何謂清濁？升而上者為清，降而下者為濁，清者為陽，濁者為陰，然分而言之為陰陽，渾而言之統為氣。

氣不能無陰陽，即所謂人不能無動靜，鼻不能無呼吸，口不能無出入，而所以為對待迴還之理也。然則氣分為二，而貫於一，有志於是途者，甚勿以是為拘拘焉耳。

第三章　三節

夫氣本諸身，而身節部甚繁，若逐節論之，則有遠乎拳術之宗旨，惟分為三節而論，可謂得其截法：三節上、中、下，或根、中、梢也。以一身言之；頭為上節，胸為中節，腿為下節。以頭面言之，額為上節，鼻為中節，口為下節。以中身言之，胸為上節，腹為中節，丹田為下節。以腿言之，胯為根節，膝為中節，足為梢節。以臂言之，膊為根節，肘為中節，手為梢節。以手言之，腕為根節，掌為中節，指為梢節。觀於此，而足不必論矣。然則自頂至足，莫不各有三節也，要

之，即莫非三節之所，即莫非著意之處，蓋上節不明，無依無宗，中節不明，滿腔是空，下節不明，顛覆必生。由此觀之，身三節部，豈可忽也？至於氣之發動，要從梢節起，中節隨，根節催之而已。此固分而言之；若合而言之，則上自頭頂，下至足底，四肢百骸，總為一節，夫何為三節之有哉！又何三節中之各有三節云乎哉！

第四章 四 梢

試於論身之外，而進論四梢。夫四梢者，身之餘褚也；言身者初不及此，言氣者亦所罕聞，然捶以由內而髮外，氣本諸身而髮梢，氣之為用，不本諸身，則虛而不實；不行於梢，則實而仍虛；梢亦可弗講乎！若手指足特論身之梢耳！而未及梢之梢也。四梢惟何？髮其一也，夫髮之所繫，不列於五行，無關於四體，是無足論矣，然髮為血之梢，血為氣之海，縱不本諸發而論氣，要不可雖乎血以生氣；不雖乎血，即不得不兼乎發，髮欲衝冠，血梢足矣。抑舌為肉之梢，而肉為氣之仁，氣不能行諸肉之梢，即氣無以充其氣之量，故必舌欲催齒，而肉梢足矣。至於骨梢者，齒也，筋梢者，指甲也，氣生於骨而聯於筋，不及乎齒，即不及乎骨之梢，不及乎指甲，即不及乎筋之梢，而欲足爾者，要非齒欲斷筋，甲欲透骨不能也。果能如此，則四梢足矣。四梢足，而氣自足矣，豈復有虛而不宜，實而仍虛之弊乎！

第五章 五 臟

夫捶以言勢，勢以言氣，人得五臟以成形，即由五

臟而生氣，五臟實為性命之源，生氣之本，而名為心，肝，脾，腎也。心屬火，而有炎上之象。肝屬木，而有曲直之形。脾屬土，而有敦厚之勢。肺屬金，而有從革之能。腎屬水，而有潤下之功。此及五臟之義而猶準之於氣，皆有所配合焉。凡世之講拳術者，要不能離乎斯也。其在於內胸廓為肺經之位，而肺為五臟之華；蓋故肺經動，而諸臟不能不動也。兩乳之中為心，而肺抱護之。肺之下膈之上，心經之位也。心為君，心火動，而相火無不奉命焉；而兩乳之下，右為肝，左為脾，背之十四骨節為腎，至於腰為兩背之本位，而為先天之第一，又為諸臟之根源；故腎足，則金、木、水、火、土，無不各顯生機焉。此論五臟之部位也。然五臟之存乎內者，各有定位，而見於身者，亦有專屬，但地位甚多，難以盡述，大約身之所繫，中者屬心，窩者屬肺，骨之露處屬腎，筋之聯處屬肝，肉之厚處屬脾，想其意，心如猛，肝如箭，脾之力大甚無窮，肺經之位最靈變，腎氣之動快如風，是在當局者自為體驗，而非筆墨所能盡罄者也。

第六章　三　合

五臟既明，再論三合。夫所謂三合者，心與意合，氣與力合，筋與骨合，內三合也。手與足合，肘與膝合，肩與膀合，外三合也。若以左手與右足相合，左肘與右膝相合，左肩與右膀相合，右肩與左亦然。以頭與手合，手與身合，身與步合，孰非外合。心與目合，肝與筋合，脾與肉合，肺與身合，腎與骨合，孰非內合。

然此特從變而言之也。總之，一動而無不動，一合而無不合，五臟百骸悉在其中矣。

第七章 六 進

既知三合，猶有六進。夫六進者何也？頭為六陽之首，而為周身之主，五官百骸莫不體此為向背，頭不可不進也。手為先鋒，根基在膊，膊不進，則手卻不前矣；是膊亦不可不進也。氣聚於腕，機關在腰，腰不進則氣餒，而不實矣；此所以腰貴於進者也。意貫周身，運動在步，步不進而意則索然無能為矣；此所以必取其進也。以及上左必進右，上右必進左。共為六進，此六進者，孰非著力之地歟！要之：未及其進，合周身毫無關動之意，一言其進，統全體全無抽扯之形，六進之道如是而已。

第八章 身 法

夫發手擊敵，全賴身法之助，身法維何？

縱，橫，高，低，進，退，反，側而已。

縱，則放其勢，一往而不返。

橫，則理其力，開拓而莫阻。

高，則揚其身，而身有增長之意。

低，則抑其身，而身有攢促之形。

當進則進，彈其力而勇往直前。

當退則退，速其氣而回轉扶勢。

至於反身顧後，後即前也。

側顧左右，左右焉敢當我哉。

而要非拘拘焉而為之也。

察夫人之強弱，運乎己之機關，有忽縱而忽橫，縱橫因勢而變遷，不可一概而推。有忽高而忽低，高低隨時以轉移，豈可執一而論。時而宜進不可退，退以餒其氣。時而宜退，即以退，退以鼓其進。是進固進也，即退亦實以助其進。若反身顧後。而後不覺其為後。側顧左右，而左右不覺其為左右。總之：現在眼，變化在心，而握其要者，則本諸身。身而前，則四體不命而行矣。身而怯，則百骸莫不冥然而處矣。身法顧可置而不論乎。

第九章　步　法

今夫四肢百骸主於動，而實運以步；步者乃一身之根基，運動之樞紐也。以故應戰，對戰，本諸身。而所以為身之砥柱者，莫非步。隨機應變在於手。而所以為手之轉移者，又在於步。進退反側，非步何以作鼓動之機，抑揚伸縮，非步何以示變化之妙。即謂觀察在眼，變化在心，而轉變抹角，千變萬化，不至窮迫者，何莫非步之司命，而要非勉強可致之也。動作出於無心，鼓舞出於不覺，身欲動而步以為之周旋，手將動而步亦早為之催迫，不期然而已然，莫之驅而若驅，所謂上欲動而下自隨之，其斯之謂歟！且步分前後，有定位者，步也。無定位者，亦步也。如前步進，而後步亦隨之，前後自有定位也。若前步作後步，後步作前步，更以前步作後步之前步，後步作前步之後步，前後亦自有定位矣。總之：捶以論勢而握要者步也。活與不活，在於步，靈與不靈亦在於步。步之為用大矣哉！

第十章　剛　柔

夫拳術之為用，氣與勢而已矣。然而氣有強弱，勢分剛柔，氣強者取乎勢之剛，氣弱者取乎勢之柔，剛者以千鈞之力而扼百鈞，柔者以百鈞之力而破千鈞，尚力尚巧，剛柔之所以分也。然剛柔既分，而發用亦自有別，四肢發動，氣行諸外，而內持靜重，剛勢也。氣屯於內，而外現輕和，柔勢也。用剛不可無柔，無柔則還不速。用柔不可無剛，無剛則催逼不捷，剛柔相濟，則沾，游，連，隨，騰，閃，折，空，擠，捺。無不得其自然矣。剛柔不可偏用，用武豈可忽耶。

太 極 拳 著 解
陳　鑫

人之一身，心為主，而宰乎肉。心者，謂之道心，即理新也。然理中能運動者，謂之氣。其氣即陰陽五行也。然氣非理無以宰，而理非氣無以行。故理與氣不相離，而相附。此太極無極者然也。

天之生人，即以此理此氣生於心。待其稍有知識，而理氣在人心者渾然無跡象。然心之中或由內發，或由外感，而意識生也。當其未生，渾渾混混，一無所有。及其將生，其意微乎其微，而陰陽之理存乎其中。順其自然之機，即心構行，仍在人心之中，即中庸所謂未發也。及其將發，而心中所構之形呈之於外，或上或下，或左或右，或前或後，或偏或正，全體身法無不俱備。

當其未發構形之時，看其意象什麼形，即以什麼命名。亦隨意拾取，初無成心。是時即形命名之謂著。而每著之中，五宮百骸順其自然之勢，而陰陽五行之氣運乎其中。所謂動則生陽，靜則生陰，一動一靜，互為其根。是所謂陽中有陰，陰中有陽，此即太極拳之本然。

如以每著之中，必指其何者為陽，何者為陰，何者為陽中之陰，何者為陰中之陽，此言太滯，言之不勝其言。即能言，亦不無遺漏。是在學者細心揣摩，日久自悟。前賢云：能與人規矩，不能使人巧。舉一反三在學之者。不可執泥，亦不可偏狃。

七言俚語

其 一

掤捋擠按需認真，引進落空任人侵；周身相隨敵難近，四兩化動八千斤。

其 二

上打咽喉下打陰，中間兩肋並當心，下部兩臁合兩膝，腦後一掌要真魂。

身拳之一藝，雖是小道，然未嘗不可即小以見大。故上場之時，不可視為兒戲。而此身必以端正為本。身一端正，則作事無不端正矣。大體不可跛倚倒塌。況此藝全是以心運手，以手領肘，以肘領身。手雖領身，而身自有身之本位。論體則身領乎手；論耍手，則以手領身。雖有時歪斜，而歪斜之中自寓中正。不可拘泥。能

循規蹈矩，不妄生枝節，自然合拍。合拍則庶乎近矣。

心天地間，人為萬物之靈。而心有為五官百骸之靈。故心為一身之主。心一動而五官皆聽命焉。官骸不循規蹈矩者，非官骸之過，實心之過也。

孟子曰：出入無時，莫知其向者，惟心之謂。又：一人雖聽之，一心以為有鴻鵠將至。可見人之有心，但視其操與不操耳。能操則心神內斂，故足重手恭，頭直目肅，凡一切行為無不皆在個中；不操則心外馳，故視不見，聽不聞，食亦不知其味，凡一切行為，無不皆在個外。況打拳一道，由來口授居多，著述甚少。蓋由義理，則經史備載，子集流傳，不必再贅。

但打拳之勢，人皆不知皆由太極而發。其外面形跡，與裏面之精意，往往視為拳勢理路。是拳勢理路是不能合到一處。是皆不知由理而發之於勢故也。不知運勢者，氣也；而所以運勢者，理也。其開合擒縱，無可加損，無可移易，動合自然。是皆天理之應然而然也。

苟細揣摩，如行遠自邇，登高自卑，則由淺入深，不躐等而進，不中道而止。以我之智力，窮道之旨歸。壹志凝神，精進不已，層累曲折，胥致其極。雖高遠難至之境，莫非眼前中庸之境？是在操心。

意者，吾心之意思也。心之所發謂之意。其一念之發，如作文寫字下筆帶意之意。意於何見，於手見之。此言意之發於外也。意發於心，傳於手，極有意致，極有神情。

心之所發者正，則手之所形者亦正；心之所發者

偏，則手之所形者亦偏。如人平心靜氣，則手法、身法自然端正；如人或急切慌張，或怠慢舒緩，則手之所形莫不偏倚。必也躁釋矜平，而後官骸所形自然中規中矩。實理貫注於其間，自無冗雜間架。即有時身法偏斜，是亦中正之偏，偏中有正，具有真意。有真意，其一片纏綿意致，非同生硬挺霸流於硬派。

此其意一則由理而發，一則由氣而練。若硬手純是練氣，氣練成亦能打死人。但較之於理，究竟低耳。故吾之意可知。而彼之意可想。學者多當留心體會，以審其意之所發。

志心之所之謂之志。凡人貴立志，不立志則一事辦不成，終身居人下矣。如能立志，則所有條理，自始至終，層層折折，悉究底蘊。不敢懈惰，由勉然以造於渾然，所謂有志者事竟成。不然者，敗矣。人顧可不立志哉。

恒天地之道，一恒而已。惟其恒也，日月得天而能久照；四時變化而能久成；聖人久於其道而天下化成；何況一藝。苟獨殷殷勤勤，始終無懈，何至苗而不秀，秀而不實乎。書曰：學貴有恆。孔子曰：人而無恒，不可以作巫醫。可見人著用功，惟恒最貴。

志為功之始基，恒為功之究竟。能恒則成，不恒則敗。志恒二字，乃作事之要訣，學者不可不知，尤當猛醒。嘗見人之用功，或作或輟，不植將落，反怨師不教人。抑何不返躬自問，其功何如哉。

著自古聖人有文事者，必有武備。但文事皆有成

書，經史子集無所不備，則略而不言。自黃帝堯舜，以至唐宋元明總戎機者，雖各著有兵書，然不過步法止齊耳，至打拳皆未之及。

拳之一藝，不知始自何時，俱未見有成書。歷唐、宋、元、明、大清，即間有書。亦不過畫圖已耳，皆未詳言其理，以示階級可升。當習此藝者，往往失之於硬，蓋由尚血氣不尚義理。義理不明，勢不至，留不放僻邪而不止。

我陳氏自山西遷溫，帶有此藝。雖傳有譜，亦第圖畫，義理亦未之及。愚無學識，功夫極淺，不敢妄議注譜。但為引蒙，不得不聊舉大意，以示學者下工夫。

每一著必思手從何處起，何處過，至何處止；外面是何形象，裏邊是何勁氣，要從心坎中細細過去；此著之下，與下著之上，夾縫中如何承上，如何起下，必使血脈貫通，不至上下兩著，看成兩橛。始而一著，自成一著，繼而一氣貫通，千百著如一著矣。

如攬擦衣，右手從左腋前起端，手背朝上，手指從下斜行而上，先繞一小圈，中間手從神庭前過去，徐徐落下。胳膊只許展九分，手與肩平停止，手背似朝上微向前合。其手自始至終行走，大勢為弓彎之意。上面如此運行，底下右足亦照此意與手一齊運行。手行到地頭，然後足趾亦放得穩當。手中內勁由心發起，過右乳，越中府，逾青靈穴，沖少海，經靈道，渡列缺，至中衝、少衝、少商諸穴止。足是先落僕參，過湧泉，至大敦、隱白諸穴上。且其內勁必由於骨之中，以充於肌

膚之上，運至五指上，而後止。頂勁提起，腰勁捺下，長強以下翻起來，襠勁落下，右手與左手合住，膝與襠、與胸、與小腹諸處無不合住。

合也者，神氣積聚而不使之散漫，非徒以空架間著，苟且了事。惟恭敬將事，則神氣處處皆到，方不蹈空。下著單鞭，大概與此著同。

大凡手動為陽，手靜為陰；背則為陽胸則為陰。亦有陰中之陽，陽中之陰。某手當令，某手為陽。某手不當令，某手為陰。亦有一著也，先陽而後陰；一手也，外陰而內陽。一陰一陽，要必以中峰勁運之。

中峰者，不偏不倚，即吾心之中氣，所謂浩然之氣也。理宰於中，而氣行於外是也。濁氣下降，合住襠勁。下盤穩當，上盤亦靈動。

千言萬語，難形其妙。當場一演，人人可見、可曉。落於紙筆，皆成糟粕。形於手足，亦成跡象。而更非跡象，無以顯精神。猶之非糟粕無以寫義理。是在善學者孟子曰：能與人規矩，不能使人巧。其斯之謂歟。

理者，天地之節文，人事之儀則也，順其性之自然，行其事之當然，合乎人心之同然。一開一合絕無勉然，一動一靜恰合天然。此即吾道只粹然。

氣何謂氣，即天行健一個「行」字。天體至健而所以行。此健者，氣也。不滯不息，不乖不離，不偏不倚，即是中氣。加以直養無害工夫，即是乾坤之正氣。亦即孟子所謂浩然之氣。一拂氣之自然，參以橫氣則生硬。橫中勢難圓轉自如，一遇靈敏手段，自覺束手無

策。欲進不能，欲退不敢，但聽他人發落而已，鈍何如也。所以，不敢徒恃血氣，而並參之一橫氣。

附中氣辨中氣者，中是中，氣是氣。中是不偏不倚，無過不及之名。以理言氣，是天以陰陽五行之氣化萬物。有是形即有是氣，是人所秉受於天本來之元氣也。氣不離乎理，理不離乎氣。氣非理無以立，理非氣無以行。氣與理兩理相需者也。理有其偏，氣亦有其偏。理之偏，私以參焉；氣之偏，橫以行焉。惟兩得其中，合而言之曰中氣。

竊謂不可以言語形容者，中氣耳。中氣即孟子所謂浩然之氣，即易所謂保合太和之元氣也。氣不離乎理，言氣而理自在其中。打拳以運氣為主，然其中自有理以宰之。理之得中者，更不易言。故但以氣之附麗於形者，大略言之。

氣之在體，無不充周，而其統率在心。心氣一發，能先聽命者，腎中之志。心機一動，志則順其心之所向，而五官百骸皆隨之而往焉。且各有各體之精，而隨各體所往之地位而止也，此是一齊俱到。有分先後，有不分先後。所謂小德川流，大德敦化，道並行不悖也。

如單鞭一勢，起初心欲先合，兩手即用倒轉精合住，左足即收到右足邊，而與右足合住；心欲展開，左手即用順轉精，右手即用倒轉精，兩大腿用精，左則順右則倒頂精，即領胸，即含住腰精，即下襠開足之後，有心無心之間，說合，上下一齊合住。

且官體之精，各隨各經絡運行，無纖悉之或差。心

即大體，官骸即小體。德即大體、小體中，當然之理也，心機一動，百骸聽命。非所謂小德川流，大德敦化，道並行而不悖乎？此所謂中氣流行，一氣貫通者，如也。

中氣與浩然之氣，血氣辯。

中氣與浩然之氣稍異；與血氣大不相同。

中氣者，太和之元氣。即中庸所謂：不偏不倚而平常之理，宰乎不剛不柔、至當卻好之正氣。能用此氣以行於手（言手，而全體皆在其中），天下未有窮之者。如或有人窮之，非功夫未到十分火候，即涉於偏倚不中故也，涉於偏倚，非人能窮我，我自窮也。此氣之貴得乎中。名之曰中氣，非氣之行於官骸之中謂也（官骸之中，是當中之中。中氣之中，是不偏不倚，無過不及之理，宰乎剛柔得中之正氣元氣）。

浩然之氣者，大約涉於剛一邊多。觀於孔子、孟子之氣象可知。孔子言語極和平，孟子氣象就帶廉隅。即其自謂，亦曰至大至剛。吾故曰涉於剛一邊居多。然要亦是秉受之元氣，特稍涉於嚴厲。謂之為元氣則可，謂之為太和元氣似少遜耳。此所以與中氣略有不同處。而耍拳者能以浩然之氣行之，技亦過乎大半矣。再加涵養功夫，則幾乎中氣矣。

至於血氣，乃血脈中流通之氣，即拳家所謂橫氣也。全仗年輕，力氣勇猛，而以不情不理凌壓敵人。失敗者多。即間獲勝，力氣過大偶然勝之。一遇行手，氣雖大而亦敗。苟能稍遵規矩（謂打拳成法），亦能打

人。但能屈敵人之身而不能服敵人之心。至於中氣，能令敵人進不敢進，退不敢退，渾身無力，極其危難。足下如在圓石上站著，不敢亂動。以上所辯，未知是否。以俟高明者指正。

情理與氣發於外者為情。人直交接往來則曰人情；文之抑揚頓挫則曰文情。打拳之欲抑先揚，欲揚先抑，其間天機活潑，極有情致，如木偶人一般。死蛇塌地，有何景致。又安能見其生龍活虎，令觀者眼欲快睹，口中樂道，心中願學？此拳之不可無情致也。

至於與人交手，斷不可看人情。一看人情，則人以無情加我矣。嗚乎可。

景，一片神行之謂景。其開合收放。委婉曲折，種種如畫，是之謂景。景不離情，猶情之不離乎理，相連故也。

心無妙趣，打拳亦打不出好景致。問何以打出景致，始則遵乎規矩，繼則化乎規矩，終則神乎規矩。在我打得天花亂墜，在人自然拍案驚奇。

裏面有情，外面有景，直如天朗氣清，惠風和暢，陽春煙景，大塊文章，處處則柳垂花嬌，著著則山明水秀。遊人觸目興懷，詩家心怡神暢，真好景致。拳景至此，可以觀矣。

神神者，精氣發生於外，而無難澀之弊之靈氣也。天地間無論何物，精神足，則神情自足。在人雖存乎官骸之中，實溢官骸之外。大約心、手、眼俱到有神，無神則死煞不活，不足動人。

　　神之在人，不止於眼，而要於眼則易見。故打拳之時，眼不可邪視，必隨手往還。如打攬擦衣，眼隨右手指而行，攬擦衣手到頭，眼亦到頭，注於中指角上，不可他視。眼注於此，則滿身精神皆注於此。如此，則攬擦衣全著俱有精神。神聚故也。打單鞭，眼注左手發端處，隨住左手徐徐而行，至單鞭打完，眼即注於中指角上，不可妄動。打披身捶，眼注於後腳尖。打肘底看拳以及小擒拿，眼注於肘底拳上。打斜行拗步，右手在前，眼著於右手。打抱頭推山，兩手雖俱在前，而以右手為主，眼雖並注，而注於右手居多。打指襠捶，眼注於下。打下步跨虎，眼注於上。打演手捶，眼注於前。打回首捶，眼注於後。

　　大抵上下四旁，某處當令。則眼神注於某處。此是大規矩。亦有神注欲此，而意反在於彼者。此正所謂大將軍八面威風。必眼光四射而後威風八面，處處有神也。

　　打拳之道，本無此勢，而創成此勢，此即自無自有，何其神也，而況神乎其神，何莫非太極陰陽之所發而運者乎。拳至此，已入室矣。動靜緩急，運轉隨心，何患滯澀而無神情乎。

　　化化也者，化乎規矩也，化之境有二：有造化，有神化。造言其始，化言其終。神化者，夫子七十，從心所欲不逾矩是也。打拳熟而又熟，無形跡可擬，如神龍變化，捉摸不住，隨意舉動，自成法度，莫可測度。技至此，真神品矣。

　　太極之理，發於無端，成於無跡，無始無終，活盤托出。噫，觀止矣！拳雖小道，所謂即小以見大者，蓋以此。拳豈易言哉。

附　　錄

謙虛待人，虛心向學
——記我師陳太平先生
劉延彬

　　子曰「三人行，必有吾師」，此句流傳久矣。武術中的師道文化，同樣也是歷史悠久，然正如古人所說古之聖人，其出入也遠矣，猶且從師而問焉；今之眾人，其下聖人也亦遠矣，而恥學於師。我師陳太平先生，於治學師道可堪為人楷模，今記述老師的一些事蹟，希望對學者有所啟發，以正風紀。

　　師者，所以傳道授業解惑也。又曰：師徒如父子。武術界的師徒關係既包含了做學問的師長關係，又和親緣關係有些的類似，畢竟在武術學術研究的過程中摻雜著很多人為的因素。這與過去特殊的時代關係甚大，水能載舟，也能覆舟，武藝可以安邦定國，也可以為非作歹，因此，過去的前輩傳授功夫的同時，更多加了一份謹慎。這種執著和規矩無意中使得一些精華失傳，當然社會在發展，人的意識和觀點也在逐漸的更新，未來武術的傳播和研究會更加的現代化。

　　以下給讀者講述一些我的老師陳太平先生早年學拳

的故事，希望能夠對武術愛好者有所啟迪。因陳師自認水準有限，有辱師名，故待他日功夫有所進展，必當把自己的恩師，朋友，弟子等幫助過自己的人介紹給大家。為尊重陳師的意見，文中涉及的前輩都隱去具體的名字。

1.聞雞起舞儒子可教

古時候，黃石公為考驗留侯張良，曾經故意提早約會的時間，直到覺得這個年輕人可教，才教給他黃石兵法。陳老師的一位老師也用類似的辦法來考驗他，檢驗他學武術的毅力。

陳老師他最早學的是六合門的拳法，從師一位姓谷的先生，據說這位谷老先生的性格也是很有特點，老先生平時四點鐘起床練功，陳師也是早晨四點鐘準時到達練功場所，第一次他教了一些基本功，並且說了一句：「明天早點來」。結果第二天還是老先生早到了一會兒，結果這個老先生就沒有再搭理陳師，一連好幾天過去了，陳師雖然苦悶，但是又不能多問。最後一個外地回來的師兄告訴他緣由，原來是自己不懂規矩，作弟子的哪有天天叫老師等的，都應該是弟子等老師呀。

從此以後陳師每天兩點到兩點半就到練功場所，在老師去之前把教過的東西反覆的習練，等老師來了之後再給糾正不足的地方，加以點撥。由這件事情他也明白了一個道理，要懂得尊師之道，這些看似微小的事情對一個人氣質和習慣的培養作用是非常大的。後來陳師因為練功太過於刻苦，耽誤了學業，幾年下來學習成績一

直上不去，造成了他在初一就提前退學，後來參加工作後才陸續補上以前的課程。

2.雨天訓練三省不足

有一次陳師和他恩師在外面的場地練習推手時，突然天色突變，馬上就要下雨了，陳師勸師爺趕緊回去；但師爺笑著跟陳師說你平時缺少這一課的訓練今天正好天降大雨，可把這一課補上。陳師當時非常納悶，練功與下雨有什麼關係呢？實際這次訓練使陳師刻骨銘心至今難忘。在瓢潑大雨中推手與實作和平時訓練完全是兩種感受，當時由於雨下得非常大，場地濕滑泥濘，也不記得摔了多少個跟頭，腳下的移動換位由於地泥濘濕滑，快不起來，而且重心不穩。平時所練的一些動作有些不能正常的發揮，這時候陳師明白自己的確缺了很多綜合訓練課。

師爺從地形、地物等多方面給陳師進行講解與示範，在不同的條件下有不同的要求，過去武術是為了作戰用的，處處與實戰密切相連，自衛防身在各種條件下都有可能發生，只在一種平靜舒坦的條件下進行訓練有很大的局限性。

平時訓練如果多是友好的切磋和常態訓練，一般都是點到即止，但如果面對歹徒行兇等性命相關的環境，對敵心存慈悲之念，對己就會險象環生，片刻的猶豫都會給你造成刻骨銘心的教訓。因此，我們要儘量在各種惡劣的條件下訓練，防患於未然，讓自己的訓練具有最大的真實性，迅捷如鷹隼，出手似暴風驟雨，不給對手

留下反擊的機會。拳譜有云，寧叫一思進，莫叫一思忖。因為高手過招，留給對方的空檔相應的就比較少，在得機得勢之時，如果不抓住這個時機，可能反受制於人。在武學訓練方面如果能夠在多方面進行訓練，一切從實戰出發，這樣當你一旦遇到突發事件，就會遊刃有餘。

「生乎吾前，其聞道也固先乎吾，吾從而師之；生乎吾後，其聞道也亦先乎吾，吾從而師之。吾師道也，夫庸知其年之先後生於吾乎！是故無貴無賤無長無少，道之所存，師之所存也。」唐宋八大家之一的韓愈提出了這樣的求師治學觀點，影響深遠，從師是一種方式，根本的目的還是為了道（泛指各種文化，道理）的追求。陳師在研究武學的過程中，基本上做到了惟道是從，不管對方是自己的弟子還是朋友，只要對方有可取之處，他都認真地向別人請教。

3.道之所存，師之所存

陳師的朋友裏有位姓周的前輩，八卦、太極的功夫相當深厚，一次他遠道來陳師家中做客，談起武功的修練，周前輩說，你應該儘量吸取別人的長處，形成自己的東西。而陳師當時的觀點是：自己的所學尚未完全消化，去學別人的東西一方面同門會說見異思遷，而對方又會小看自己，人言可畏，所以交流非常小心。周前輩說朋友之間相互吸取長處應該是很正常的學術交流，管他什麼流言蜚語，只要功夫練到自己身上，這就是實實在在的。

　　由於他們是莫逆之交，而且年齡相差較大，說起話來也推心置腹。周前輩說難道我的東西，你就沒有一點可取的地方，你想學我的什麼東西，我都教給你；這位周前輩太極八卦和市面上流傳的有很多地方不同，以八卦步法而言，是一種反八卦，但也有現在流傳八卦的步法，打法練法較為獨特，太極拳打無定式，在有些方面能夠給予陳師啟迪。陳師素來也敬仰已久，但礙於多方顧忌不好去學習，周前輩的一番話徹底解開了他的心結，從此以後只要自己感興趣的方面都虛心請教，這對陳師後來的研究作了很好的鋪墊。

　　道之所存，師之所存，功夫練到自己身上，才是最好的繼承，我們要學習的是前輩的功夫，而不是繼承一個空的名分。受周前輩的點撥，陳師在武學研究方面更加廣泛的吸收了別派之長。

　　山不在高，有仙則名，水不在深，有龍則靈。尺有所短，寸有所長。陳師的一些老師和朋友雖是凡夫俗子，但他們對於武學都有獨到的理解，陳師認為只要人家的東西好，哪怕是給人磕頭學拳都值得。

　　陳師有位朋友，數年前已經過世，他給陳師的幫助甚大。其門派在武林界流傳甚少，此派的功夫在清代卻是名聲顯赫（武狀元）。這支武學一直都是家傳，到陳師那位朋友師傅那輩，才傳於外界，也就幾人而已。其拳法的特點注重於拳功並練，及注重於內功的訓練，一套功力架區區二十幾個動作，練習者練起來就非常吃力。他是從筋骨、氣血、肌肉、皮毛等全方位的訓練，

拿我一位伯伯來講，他原來是從事舉重的，六七百斤扛起就走，說起來身體素質還算是可以的，但若按要求習練也就兩三遍而已，這套功力架長功是非常快的，增長勁力可以說是一天一個樣，當然需要相當的身體素質才可以演練的。這位前輩也是耿氏形意的傳人，在耿氏形意的一些打法練法上經常指點陳師，陳師受益頗多。

陳師說：拳法不在於他多麼有名，關鍵在於是否掌握拳法的內涵，練武也是一個道理，要想人前顯赫，必須得人後受苦，苦中求樂。當時陳師要與這位前輩以師徒相稱，但這位前輩堅持要以兄弟相稱，後來兩人成為莫逆之交。

論語云：敏而好學，不恥下問。但是現實中真能虛心以徒為師的人不是很多，陳師在與弟子交流中真正做到了擇其善者而從之。在陳師弟子當中，有很多是名師的弟子，最大的已經年逾八旬，他們也受過很多名師的指點，閱歷豐富，並相當的修為。

與弟子交流本身是一個瞭解其他門派的好方法，好事但不好做，難免有些蜚短流長。古人云弟子不必不如師，師不必賢於弟子。聞道有先後，術業有專攻，如是而已。陳師認為相互的交流對彼此都是有益的補充，至於那些閒言碎語就由它去吧，功夫到了自己身上才是實實在在的。

以下的幾個小故事都是陳老師和弟子們交流的故事，以饗大家。

傳統的養生學主要分：氣療、食療、藥療。陳師有

一弟子是某食品研究所的負責人，從事食品研究頗有建樹。但任何事物都有兩面性，有些食療對某些臟腑有一定的幫助，但往往也會對其他的臟腑產生一些負面的作用。因此，對待傳統養生學需要系統整體的認識，但是每個人的研究往往有片面性，陳師現在正在與他的弟子共同用現代的科學依據來檢驗傳統的養生學。他有一弟子原來是學生物的，在一所著名大學，從事這方面的研究；很想把傳統的養生學透過科學研究詳實地說明，使人們能夠更好的接受。

為了養生學的研究，陳師把收集了 10 餘本，共有 70 餘位宮廷御醫所匯總的醫案和驗方，給我們幾個想學中醫的弟子每人複印了一套。陳師說我在藥療方面沒有什麼深入的研究，希望你們能在這方面深入地研究，能有所作為，彌補我這方面的遺憾。陳師真誠的希望傳統的養生學能夠造福於人，盡點微薄之力，這也是造福後人的大事。

陳師有一弟子原習醉鬼張三門的武學，這門武學也是很有特色的，此門的三皇功是一大特色，外人也很難見其全貌。陳師發現此套功法的確有可取之處，就向這位弟子系統的學習了三皇功，在學習中發現跟他原來所學的某套佛家功法在理法上有相同之處，他就把自己的體會和認識與其弟子相互交流，並把這套佛家功法傳於弟子，也為弟子增添了新的內容和視角。

4. 瓜清水白不貪古人便宜

現在武術界各種新派的武學層出不窮，有人把古人的東西說成是自己的，也有人撿起過去人們丟棄的東西說是新的發明創造。紛紛擾擾難見其本源，在這方面陳師有自己的見解，他自己的體會就是不附會古人，但對古人的原傳絕對不加任何人為的修為，自己所作的改動都清楚地跟弟子說明白，這對整個學術的研究都是非常有意義的，我們不管學什麼東西，來龍去脈都瓜清水白，清清楚楚。

陳師有一個朋友，與其相交近 20 年了，具有深厚的感情，這個朋友是梁氏八卦掌的傳人，梁的早期弟子田金峰所傳下的這一支，這套老八掌在這一支所傳當中總共是十大掌，為什麼是十大掌呢？八掌是梁原傳的八掌，樸實無華，另外兩掌是田金峰傳的，在老八掌當中改了兩掌，但是在傳授時交代的非常清楚，哪八掌是梁原傳的，哪兩掌是田改的，哪些是自己的理解，這樣嚴謹的教學，在現在的武術大潮當中的確已經不多見了。這樣使後學者能更清楚地瞭解原來拳法風格和改進後拳法的風格，更好的從中繼承前輩們留下的寶貴遺產。

陳師對拳學是抱著一種追求與探索的態度去研究，拿陳氏太極拳來說，陳師原來跟當地一位名師學習陳氏太極拳，他不滿足於現狀，而且想瞭解傳統的東西，瞭解最早的陳氏太極拳。陳老師早年為驗證陳氏老架，拜訪過陳發科前輩早期的弟子，陳照丕上世紀 30 年代在南京所傳的早期弟子，以及陳照丕回陳家溝所傳的早期弟

子，以及其他陳氏太極拳的傳人，來驗證其價值，可以稱得上歷盡艱辛。

陳師認為傳統的拳法經過歷代的驗證，是從實踐當中檢驗出來的，具有很高的實戰價值。老架古樸簡潔，講究從實戰的角度出發，沒有過多花哨的動作。陳師收集了一些有關陳氏太極拳的資料，如：戚繼光的《拳經三十二式》、《陳氏一百零八式長拳圖譜》，以及陳鑫、陳子明、陳發科、陳照丕等有關的資料，以及陳氏名家的一些錄影資料；盡可能地去研究。從中尋找傳統與現在之間的差距，研究傳統的老架和現在流傳的拳架有所不同的原因。正如古語所說，千淘萬漉雖辛苦，吹盡黃沙始到金。陳師對於太極老架的研究可以說得上是嘔心瀝血，不是為了追求一個虛名，而是為了學術的順利傳承，雖辛苦而猶未悔。

古語有云：海納百川，有容乃大，壁立千仞，無欲則剛。武學的追求，如登萬丈高山，沒有腳踏實地，虛心向學的精神，是無法達到更高境界的。陳師常云早年自己也是心性浮躁，經常口不擇言得罪人，近年來修身養性，可以說與世無爭。他把過去自己的過失也講述給我們弟子，希望我們引以為戒。其身正，不令而行，其身不正，雖令不從，過去人常說正言，正身，正心，或者說修心，修身，修口，都是老前輩總結出來的處世良言，希望與諸君共勉。

千里尋真訪一清

呂太敏

　　筆者是中華尚派形意第二代傳人，1961 年師從全國「十大武術名師」之一李文彬先生習形意拳，成為入室弟子。1986 年初走訪天津張秉仁師兄，受益頗多（張秉仁名為師伯劉華甫之徒，從小伺候尚雲祥師爺一家，技藝全由師爺所授）。之後多次受近代形意大師尚雲祥之女、師姑尚芝蓉的指導教誨，對中華傳統武術略有小識。我曾於 1986 年天津全國武術觀摩交流大會獲優秀獎，1995、1997 首屆、二屆中國河北深州國際形意拳交流比賽大會上獲一等獎。先師生前囑我（時為 1995 年 9 月，當時幾位師兄弟如李世華、曾俊林等，及其徒孫、家長在場）：「把尚派形意傳下去，廣採博識，豐富自己。」一個月後，恩師臥床不起。

　　尊師重道是習武之人所應具備的首要品質。武術是中華民族之瑰寶，從師所學不應成為自己的私有財產，使之世世代代傳下去，乃是各門、各派掌握真正技藝的先師，兢兢業業，嘔心瀝血授徒的真意。我從師 30 多年，對此深有感觸。因此，我決意步先輩後塵，克服家庭工作重重困難，在眾多師兄弟、家長的支持下開始逐漸培養學生，以期推廣尚派形意。在 1995、1997 年首屆、二屆中國河北深州形意拳交流大會、1999 年深州形意拳交流大會的賽事中，我的學生已獲得 24 個一等獎，

經過多年的耕耘，小有成效，雖身心倍感疲憊，但未辱師命，心裏稍感寬慰。中華武術門派眾多，終身探求武術我不及者何止千萬，和我一般層次的也多不勝數。雖然自己也感到滿意，但如何尊師命廣採博識、豐富自己，以益於後人，卻是我經常思慮的問題。

中華武術博大精深，但歷經多年與外界的接觸，以及各種管道的尋求，我還沒有看到像我恩師那樣一拍人即起、一按人即飛的名師，但我覺得中華武術的真正精華還是隱含在傳統武術之中。

一清散人、陳太平先生在武林不見經傳，最近幾年在武術雜誌上我見到了他的函授廣告。與眾不同的是沒有自我標榜，但他說要想領略武學真正內涵必須養練結合，這一點引起了我的注意。經過兩年多時間收集材料，以及對他多方面的分析，使我決心赴數千里外拜訪陳太平先生。

1999 年 10 月輾轉找到陳先生住處，他很客氣地將我讓進屋裏，給我的印象，其衣著簡樸，對人溫和有禮，行止沒有所謂武術大家的作派，與常人無異。唯有透過常人不可察覺的目光，感覺此人功夫非凡。

我首先作了自我介紹，說明很想看看先天無極門以增長學識之意。陳先生非常謙恭，指出各門、各派各有長處，但沒有十全十美的武術；現在所見到只是武術形式、風格、技術、功力訓練方面的差異，而不是武術的實質。陳先生介紹了他的習武經歷，首先演練老式陳式太極，雖然幾式，但我已看出與我所見諸多演練陳式太

極者的不同；之後又演練先天太極拳，讓我與以往見到的太極拳相比較，只見陳先生雙手如抱一球，四肢身體輕柔，緩慢旋轉，與世上所傳太極拳運作方式、風格大相逕庭。如同以前見到的自發功一般（但絕不是自發功），看不出是在練武術。

陳先生講，先天太極拳僅有十二個單式，在各式習練純熟之後，便可綜合演練（即第十三式），開始有意識地以丹田內轉帶動周身四肢旋轉，使之球身合一，至達到無意識全身無處不轉的情況下，自身自然具備了六面渾圓力、八面螺旋力和臟腑渾圓力。這樣既養又練，和世俗所見太極拳相比，在非常短的時間內即可達到同等功效。武術以功力為基礎，使技術產生強大威力（即攻擊、防衛能力），是修道的一部分；武術是由術的訓練使之回到人自身具有的自然先天本能。雖然達到這種境界，仍然是在術的層次範圍，是有形階段。只有再由特殊的訓練，才能達到以至無形無象。

陳先生見我面有疑問，示意我驗證。我先是搭手用中等力度各種方式力道向其進逼，均被其柔和旋轉化解（有時進逼至死角），並且自己有失重之感。於是我變換輕重、角度、速度，用各種方式向其進逼，均被其柔和旋轉化解，從容如前。我再抬手以指尖輕觸其接點，我和其在言談之中，向其微有進逼。但均被其化解，並使我在不知不覺中失重。其手在原位，並沒有纏繞、挽花等，幾乎看不出在運動，使我非常詫異。我說先生的聽覺功夫真好，他說這是先天太極拳修練的自然反應。

自己細想，武術中所說的一羽不能加、蠅蟲不能落的境界，在陳先生身上我有了切身感受。

次日再訪陳先生，我說，據說傳統的內家功夫打人，是沾人即起，觸人即飛，無形無象。陳先生似明我意，說應該是這樣，微笑起身示意我試。我以三體式站立，陳先生以手指在我胸前一沾我即拔根而起。接著我又氣沉丹田，使重心下沉到極限，仍然如此。武術有打實不打虛、借力打力之說，我又放鬆站定不給其沾點借力的機會，但仍然如此。我想「真正的功夫是化打合一、全身皆手，沾著何處何處擊，打人無象」。我又用各種方法向其進擊，陳先生抬手即進，使我向前後左右，不同方向，自己反崩而出。真可謂無形無意隨勢而發，化打合一，不抬不架就是一下。和陳先生稍一沾手接觸，即有進之無法，去之不能，雖不感覺其用力，但森森進逼之勢，使你不得不顧；但是顧與不顧均在他的掌握之中，彷彿自身在其籠罩之下難以逃脫，其手臂推不動、壓不下、抬不起、不見其動。越用勁，身體越站不穩，使人不可捉摸。陳先生講：這是演練先天太極拳的自然反應。我所知的彈抖、驚炸、螺旋、滲透等勁力，陳先生演練起來也是與眾不同。

我習武多年所見所聞不少，也見過諸多名家、名師，像我先師那樣，沾手即能讓對方飛出的，包括陳先生在內也就兩三人。然而，更難能可貴的是陳先生對來訪者，並不是以重創對方，以表明自己如何高強，而是掌握尺度讓對方驗證之後，又向你說明道理，這種高尚

的武德，更是令人欽佩。

先師讓我廣採博識，豐富自己，我深感跋涉千里，不虛此行。拜訪期間，陳先生演練了心意把，不是多少個把勢動作，而是一種非常簡練、特殊的練功形式，把把為樁，樁樁為把，十大真形，蘊含其中。其特點為起手如托天，落步如分磚，樸實無華，拳功並練。演練少林拳，出手滾出滾入，發力剛猛、剽悍、暴烈，動如猛虎出山，令人觀而生畏，柔如微風拂柳，柔軟如綿。世傳少林為外家、武當為內家之說，實為淺見少識。陳先生還為我演練了多種只有記載沒有流傳，以及我沒有聽說過的拳法和功法，使我對中華傳統武術博大精深有了更進一步的認識。

和陳先生幾天的接觸，激起了我進一步學習傳統武術的熱望。入門拜師須口授，考慮到先師已去世，無明師言傳身教，自己很難提高，我向其提出拜師求學。陳先生說你的技藝已經夠用，沒有必要再投師，況且之前有一些掌門名師也和你有相同的想法，我都謝絕，陳先生堅辭不收。後經我再三說明我要學傳統武學的各種原因和想法，陳先生思考再三，決定破例把我收入先天無極門內。當今社會，武術界魚龍混雜，真正掌握傳統武術精華的人可謂鳳毛鱗角，誠心熱愛中華武術的人，自己首先要有識別的能力。只要有緣接觸到，才能體會中華武術博大精深，別有天地。

陳氏太極長拳一百零八式

秦　剛

　　依據現有史料，當年河南溫縣陳家溝的陳王庭創編了陳氏太極老架共計七路，分別是：太極五路，陳氏頭套（十三式）五十七式；二套二十七式；三套（大四套捶）二十四式；四套紅拳（小四套捶）二十三式；五套二十九式；炮捶一路；長拳一百單八式一路。至陳長興時，陳氏太極精練簡化為太極拳一路，二路（炮捶）——也即今世流行的陳氏太極老架；而原有的長拳一百單八式及太極二至五路則少有人習了。

　　筆者由於機緣結識先天無極門一清散人陳太平先生並拜入先生門下，始得見陳氏太極長拳一百零八式之獨特風貌。太極長拳共一百單八式，式式相異，演練時氣勢雄渾，確如王宗岳在其傳譜中講「長拳者，如長江大海滔滔不絕也。」將此拳拳譜與戚繼光拳經比較，可發現它們之間存在著很深的淵源，名稱相同的共計有：懶紮衣、金雞獨立，探馬拳、七星拳、倒騎龍、懸腳虛、丘劉勢、拋架子、拈肘勢、一霎步、擒拿勢、下插勢、高四平、倒插式、小神拳、雀地龍、一條鞭、朝陽手、雁翅勢、跨虎勢、拗彎肘當頭炮、順彎肘等二十九勢。另外歌訣尚有六句完全相同：七星勢手足相顧、丘劉勢左搬右掌、獸頭勢如牌換進、朝陽手遍身防腿、跨虎勢挪移發腳、當頭炮勢沖人怕。以上比較結果可以說為太

極源流提供了進一步的證據。

太極長拳人稱太極快拳，是陳氏太極拳的進階拳法。初習此拳時難度較大，但如訓練有方則進步甚速。陳氏太極講究由慢至快，以至快慢相兼，長拳便屬於「快」的層次。此拳所需要的「快」，不單指肢體肌肉方面，而是更注重意快；因為單純肢體快是有極限的，而經獨特的意識訓練後可進一步提高速度。另外，此拳的獨特之處是其行拳路線短，不是人為劃圈、肢體走圓，而是走內圓，行拳時肢體運行似直非直、似曲非曲，表面看是走直線，實際上卻是循行圓的軌跡；寓攻防於一體，化打同時進行，正是「要想拳練好，必把圈練小」。武諺說：「筋長則力強，骨幹則力堅」，武林各派都很重視舒筋開骨，陳氏太極長拳也講究舒筋開骨，並具有獨特的輔助功法。與一般舒筋開骨功法不同，太極長拳的舒筋開骨功不是運用某一間架使自身筋骨在意識與外力作用下張開。人體之筋就如同橡皮條，長期拉伸會加速其老化從而失去彈性；雖然運用外力能在短期內獲得效果，但對身體造成的損失卻是得不償失。長拳一百零八式的舒筋功講究潤筋開骨，即由調節氣血在周身運轉，用氣血潤養自身筋骨，這樣，筋骨在得到充分保養的同時也增加了彈性。此功法功效宏大，融技擊、養生於一體。

陳氏太極長拳一百零八式的另一個特色是，它是現存陳氏太極拳中唯一一套既可單練又可對練（對打）的拳法。對練是從盤架、推手到實戰的有效過渡。初習時

尚循一定程式，見勢打勢；有一定基礎後便隨勢走勢，運用戚繼光《拳經三十二式》中「顛、起、倒、插」的訓練方法，不再受定勢約束。這也即是太極拳論所講「守規矩到破規矩」的過程。目前全面掌握這種訓練方法的人已少又少。

陳氏長拳一百零八式的推手與現在流行者有所不同，沒有流行推手中的單推、雙推、定步、活步之說，其較為固定的訓練模式僅有一個大掤大履，且偏重於纏法。在 108 式的推手中，沒有人為的劃圈，而是在大履基礎上訓練沾手與打手。沾手沒有特定形式要求，由在接觸點上感知對方勁力、速度的變化，對自身勁力做出相應調整，同時手、眼、身、法、步也均採取相應的變化。這種快慢相兼、隨機應變的訓練，不是慢悠悠的聽勁、摸勁所能比擬的。實戰中不可能待雙方接手後才開始，而必須在對方攻擊發起但尚未接觸我時，迅速建立接觸點並根據對方的力道、速度採取相應變化，搶點奪位，化解對方攻勢，同時施以反攻，變被動為主動。這種能力必須在推手中訓練，在無接觸點的情形下尋求變化。

陳氏太極長拳一百零八式拳架古樸大方，講究大開密合，開中有合，合中有開，寓攻防於一體，其拳勢式式講求功效，極具實戰性，追求簡單直接，一兩下即可結束戰鬥。另外，長拳一百零八式盤架中遵循了戚繼光《拳經三十二式》中的八字秘訣，風格獨特，此處暫不贅述，將另撰文述及。

　　陳師曾經為陳氏太極十八代傳人、陳發科先生早期
弟子鄧傑老先生演練此拳，得到鄧老的高度評價，他
說：早年聽我師發科公談及此套長拳，真沒想到這套原
始拳法竟還得以完整傳承下來，實乃天幸。

陳太平先生太極拳演示

鳴　謝

　　《太極心語》一書，凝聚了若干師長和筆者的心血，歷經多年的斟酌和實踐檢驗。時至今日，有的恩師已經駕鶴西去，但他們的精神和囑託時刻提醒著我不斷的前行。

　　多年以來我的妻子呂智慧堅定的支持我探索武學的奧妙，平日裏分擔了繁雜的家務勞動，並且在書稿寫作中提出若干建設性的意見供我參考。弟子王秋生、張進對書稿的整理做了大量的工作，弟子劉延彬、宋昆、宋曉軒對書稿的錄入花費了若干精力，小兒陳顯林長期以來一直接受此套體系的訓練檢驗，宋和平、呂太敏閱歷豐富並在百忙中校閱並且作序，在此對他們以及長期以來一直關心我，幫助我的弟子及好友致以最誠摯的謝意。

　　筆者希望在未來能夠把太極系統化的工作更進一步，把文獻，錄影等資料系統的歸納整理，更好地服務於後人，也歡迎廣大武林同道指點批評。

陳太平

出版後記

　　本書是一本高度濃縮的書，書中所談到的若干問題都可以展開成爲鴻篇大論，但深度與廣度往往是矛盾的，筆者所做的就是在兩者之間作一個折衷。

　　拳術體系的訓練需要循序漸進，同樣作爲對應的指導教材也應該由淺入深，由整體的刻畫到細節的勾勒和描繪。

　　本書重點論述了太極拳體系的必要性和整體的框架結構，並且敘述了具體的指導思想，爲學者建立客觀求實的學習心態打下一個良好的基礎，爲讀者提供一個研究太極的新視點。

導引養生功 系列叢書

張廣德養生著作

每冊定價 350 元

全系列為彩色圖解附教學光碟

彩色圖解太極武術

1 太極功夫扇
定價220元

2 武當太極劍
定價220元

3 楊式太極劍
定價220元

4 楊式太極刀
定價220元

5 二十四式太極拳＋VCD
定價350元

6 三十二式太極劍＋VCD
定價350元

7 四十二式太極劍＋VCD
定價350元

8 四十二式太極拳＋VCD
定價350元

9 楊式十六式太極劍
定價350元

10 楊氏二十八式太極拳＋VCD
定價350元

11 楊式太極拳四十式＋VCD
定價350元

12 陳式太極拳五十六式＋VCD
定價350元

13 吳式太極拳五十六式＋VCD
定價350元

14 精簡陳式太極拳八式十六式
定價220元

15 精簡吳式太極拳架·推手三十六式
定價220元

16 夕陽美功夫扇
定價220元

17 綜合四十八式太極拳＋VCD
定價350元

18 三十二式太極拳四段
定價220元

19 楊式三十七式太極拳＋VCD
定價350元

20 楊氏五十一式太極劍＋VCD
定價350元

太極跤

1 太極防身術
太極防身術
定價160元

2 擒拿術
擒拿術
定價200元

3 中國式摔角
中國式摔角
定價150元

簡化太極拳

1 陳式太極拳十三式
陳式太極拳13式
定價200元

2 楊式太極拳十三式
楊式太極拳13式
定價200元

3 吳式太極拳十三式
吳式太極拳13式
定價200元

4 武式太極拳十三式
武式太極拳13式
定價200元

5 孫式太極拳十三式
孫式太極拳13式
定價200元

6 趙堡太極拳十三式
趙堡太極拳13式
定價200元

原地太極拳

1 原地綜合太極二十四式
原地 綜合太極拳 24式
定價220元

2 原地活步太極四十二式
原地 活步太極拳 42式
定價200元

3 原地簡化太極拳二十四式
原地 簡化太極拳 24式
定價200元

4 原地太極拳十二式
原地 太極拳 12式
定價200元

5 原地青少年太極二十二式
原地 青少年太極拳 22式
定價220元

6 原地兒童太極拳十插十六式
原地 兒童太極拳 (10種16式)
定價160元

健康加油站

1 糖尿病預防與治療

定價200元

2 胃部機能與強健

定價180元

3 不孕症治療

定價200元

4 簡易醫學急救法

定價200元

5 肥胖健康診療

定價200元

6 肝功能健康診療

定價200元

7 高血壓健康診療

定價200元

8 高血糖值健康診療

定價200元

9 尿酸值健康診療

定價200元

10 膽固醇中性脂肪健康診療

定價200元

11 痛風劇痛消除法

定價180元

12 三溫暖健康法

定價180元

13 手・腳病理按摩

定價180元

14 B型肝炎預防與治療

定價180元

15 吃得更漂亮、健康

定價180元

16 茶使您更健康

定價180元

17 圖解常見疾病運動療法

定價180元

18 科學健身改變亞健康

定價180元

19 簡易萬病自療保健

定價220元

20 王朝祕藥媚酒

定價180元

常見病藥膳調養叢書

1 脂肪肝四季飲食　定價200元

2 高血壓四季飲食　定價200元

3 慢性腎炎四季飲食　定價200元

4 高脂血症四季飲食　定價200元

5 慢性胃炎四季飲食　定價200元

6 糖尿病四季飲食　定價200元

7 癌症四季飲食　定價200元

8 痛風四季飲食　定價200元

9 肝炎四季飲食　定價200元

10 肥胖症四季飲食　定價200元

11 膽囊炎、膽石症四季飲食　定價200元

傳統民俗療法

1 神奇刀療法　定價200元

2 神奇拍打療法　定價200元

3 神奇拔罐療法　定價200元

4 神奇艾灸療法　定價200元

5 神奇貼敷療法　定價200元

6 神奇薰洗療法　定價200元

7 神奇耳穴療法　定價200元

8 神奇指針療法　定價200元

9 神奇藥酒療法　定價200元

10 神奇藥茶療法　定價200元

11 神奇推拿療法　定價200元

12 神奇止痛療法　定價200元

13 神奇天然藥食物療法　定價200元

14 神奇新穴療法　定價200元

15 神奇小針刀療法　定價200元

16 神奇刮痧療法　定價200元

品冠文化出版社

國家圖書館出版品預行編目資料

太極心語／陳太平　著
────初版，────臺北市，大展，2007〔民96〕
　　面；21公分，────（武術特輯；93）
　　ISBN　978-957-468-549-3（平裝）
1.太極拳
528.972　　　　　　　　　　　　　96010699

太 極 心 語

ISBN　978-957-468-549-3

著　　　者／陳太平
責任編輯／葉　　萊
發 行 人／蔡森明
出 版 者／大展出版社有限公司
社　　　址／台北市北投區（石牌）致遠一路2段12巷1號
電　　　話／（02）28236031・28236033・28233123
傳　　　眞／（02）28272069
郵政劃撥／01669551
網　　　址／www.dah-jaan.com.tw
E-mail／service@dah-jaan.com.tw
登 記 證／局版臺業字第2171號
承 印 者／高星印刷品行
裝　　　訂／建鑫印刷裝訂有限公司
排 版 者／弘益電腦排版有限公司
授 權 者／北京體育大學出版社
初版1刷／2007年（民96年）8月

定　價／280元

大展好書　好書大展
品嘗好書　冠群可期

大展好書　好書大展
品嘗好書　冠群可期